Stellensuche · Bewerbung Kündigung

Ein Programm zur Erweiterung der Ausdrucksfähigkeit im Deutschen

Lehr- und Arbeitsbuch

Von Gudrun Häusler, Theo Scherling, Gernot Häublein

LANGENSCHEIDT

BERLIN · MÜNCHEN · WIEN · ZÜRICH · NEW YORK

Stellensuche · Bewerbung · Kündigung

Von Gudrun Häusler

in Zusammenarbeit mit
Theo Scherling (Zeichnungen, Layout, Umschlag, Konzeption)
Gernot Häublein (Konzeption, textliche Beratung)

Juristische Beratung: Rechtsanwalt Rainer Voss, Berlin

Die Cassette mit Hör- und Sprechübungen zu diesem Buch hat die Bestellnummer 84423.

Druck: 7. 6. 5. 4. | Letzte Zahlen
Jahr: 93 92 91 90 | maßgeblich
© 1984 Langenscheidt KG, Berlin und München
Druck: Druckhaus Langenscheidt, Berlin-Schöneberg
Printed in Germany · ISBN 3-468-49825-X

Inhaltsverzeichnis

Informationen für Lernende

Lernziele

Stellensuche, Bewerbung und Kündigung sind äußerst wichtige Vorgänge im Leben jedes Arbeitnehmers. Leider sind viele Stellungssuchende jedoch im Umgang mit diesen zentralen Themen aus Mangel an Erfahrung oder Wissen so unsicher, daß Fehler gerade in entscheidenden Situationen - wie z. B. bei telefonischen oder schriftlichen Bewerbungen, bei Vorstellungsgesprächen und beim Aufsetzen von Lebensläufen und Kündigungsschreiben - gemacht werden, die negative Reaktionen und Ablehnung hervorrufen.

Dieses Buch will helfen, Ängste und Unsicherheiten abzubauen. Es will Kenntnisse und Fertigkeiten vermitteln, die Auszubildende, Berufstätige und Arbeitslose selbstbewußter und aktiver den "Kampf" um einen Ausbildungs- oder Arbeitsplatz führen lassen.

Durch realitätsbezogene Texte und vielfältige Übungsformen (Partner- und Gruppenarbeit sowie Rollenspiele) sollen die Lernenden möglichst wirklichkeitsnah auf den "Ernstfall" vorbereitet werden.

Der umfangreiche Anhang dieses Buches wurde notwendig, um den Lernenden über die Text- und Übungsteile hinaus eine Nachschlagehilfe an die Hand zu geben, deren Schwerpunkte Vertrags- und Gesetzestexte, die sogenannte Zeugnissprache und andere - auch im Umgang mit Behörden - wichtige Informationen sind.

Praktisches Arbeiten mit Buch und Cassette

Eine durchgehende Bearbeitung der Lernabschnitte ist nicht zwingend erforderlich; die Reihenfolge kann auf die Lernziele der Gruppe bzw. auf die Erfordernisse des Unterrichts abgestimmt werden. Entscheiden sollten Sie dies gemeinsam mit Ihrer Lehrerin oder Ihrem Lehrer.

Baustein 3 wird von einer Cassette begleitet, deren Einsatz fast unentbehrlich ist. Sie enthält alle im Buch mit ☎ gekennzeichneten Gespräche und Übungen. Die Aufnahmen wurden nicht allein mit Profi-Sprechern gemacht, sondern auch mit Leuten, die einen Dialekt oder einen Akzent sprechen. Die Stimmen sind - wie wir es aus dem täglichen Leben kennen - mal laut und mal leise, mal deutlich und auch mal weniger gut zu verstehen. Damit Sie wirklich für den Alltag üben können, haben wir auch bewußt Geräusche mitaufgenommen, die Telefonate und persönliche Gespräche begleiten.

Die Cassette ist auf beiden Halbspuren (Vorder- und Rückseite) Mono bespielt. Die Aufnahme kann nicht gelöscht werden; Sie können auch Ihre Stimme nicht aufzeichnen. Zum Abspielen ist jeder beliebige Cassetten-Recorder geeignet.

Dieser Baustein bietet Ihnen neben den Text- und Übungsteilen einige wichtige praktische Hilfsmittel:

1. Links bzw. rechts oben auf jeder Seite finden Sie über den großen Buchstaben mit Ziffer schnell den Lernabschnitt, bei dem Sie stehengeblieben sind oder den Sie bearbeiten wollen.

2. Die Übungen sind entweder mit Ü oder mit S gekennzeichnet; die erste Gruppe ist vor allen Dingen für das gemeinsame Üben im Unterricht gedacht, die zweite eignet sich gut für das Selbstlernen zu Hause. Viele Ü -Übungen sind so angelegt, daß sie am wirkungsvollsten zu zweit oder in kleinen Gruppen bearbeitet werden können.

3. Zu den Übungen, die weitgehend eindeutige Lösungen haben, gibt es im Anhang einen "Schlüssel" mit Lösungsvorschlägen; diese sind genauso numeriert wie die Übungen vorne. Mit dem "Schlüssel" können Sie sofort selbst eine Lernkontrolle vornehmen, eventuelle Fehler korrigieren und noch einmal üben.

4. Dieses Zeichen macht Sie auf wichtige Hilfen und Erläuterungen aufmerksam, die Sie im Anhang unter der angegebenen Seite finden.

5. Besonders wichtige Informationen sind in diesem Buch hellgrau unterlegt und dadurch vom übrigen Text abgehoben.

Die Illustrationen

Die Illustrationen sind nicht nur als witzige Textauflockerung und Seitenverzierung gedacht, sondern sollen in anregender Weise helfen, Lernen mit Spaß zu verbinden.

"Bausteine Deutsch" - Ihr Programm zur Erweiterung der Ausdrucksfähigkeit im Deutschen

Dieses Buch und seine Begleitcassette sind ein Baustein aus einem Programm von Lernmaterialien, aus dem jeder Lehrer und jeder Lernende seine Auswahl treffen kann. Damit können Mängel und Unsicherheiten in der Verwendung des Deutschen zur Verständigung und als Werbemittel in eigener Sache für praktisch jede Art von Lerngruppe gezielt behoben und neue Fertigkeiten erworben werden.

Viel Erfolg!

Stellensuche · Bewerbung · Kündigung

1 Informationsmittel/Stellenangebote – suchen, kritisieren, besser machen

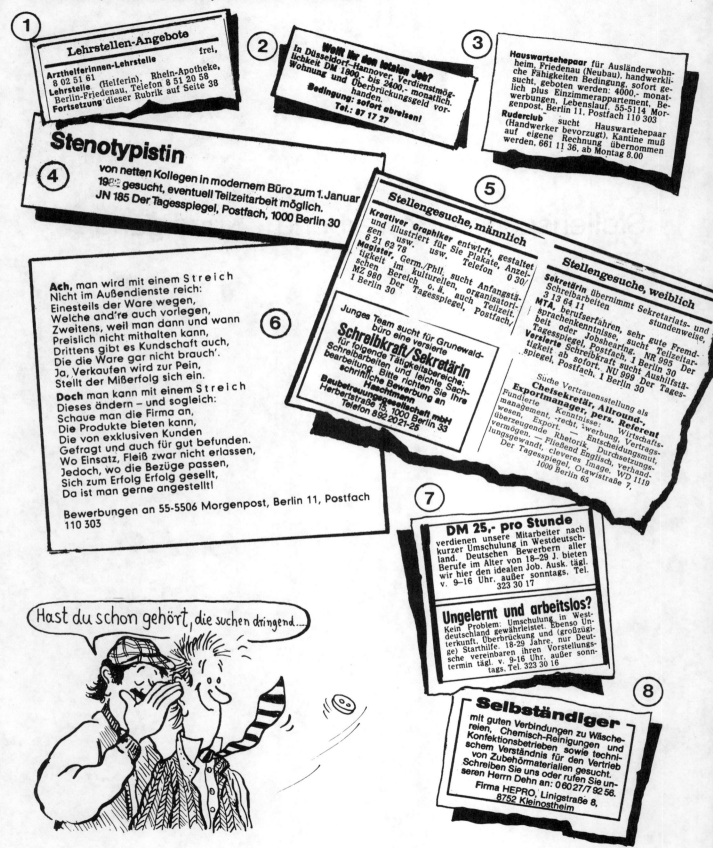

Wir suchen möglichst per sofort bei guter Bezahlung <u>mehrere</u>

Elektriker
Ölfeuerungsmonteure
Kesselreiniger
sowie

⑨

1 Lagerverwalter – auch älter –
möglichst mit Elektrokenntnissen und Führerschein.

ŒRTLI Öl- und Gasfeuerungen
Wiclefstraße 16/17, 1000 Berlin 21
395 24 13 / 395 69 69

Verflixt, wir brauchen Leute:
Angebot der Woche: Für alle die Arbeit suchen, bieten wir eine leichte Tätigkeit.
Keine Schichtarbeit, keine körperliche Arbeit. Nette Kollegen warten auf Sie (keine Ausländer) wenn Sie zw. 18 und 22 Jahren sind, und wöchentl. ca. 450,- DM netto verdienen wollen.
Tel. 852 50 84 zwischen 10.00 Uhr und 13.00 Uhr und 15.00 Uhr bis 18.00 Uhr.

⑩

Stellenangebote, medizinisch

MTA mit Erfahrung in Bakteriologie/Serologie, sofort oder später, günstige Arbeitszeit, für Med. Diagnost. Labor Dr. Eicke/Dr. Röcker, Wexstr. 27, 1/31, 8 53 50 49

Stellenangebote, gewerblich

Ausbaustellung bietet männlicher Hilfskraft für abwechslungsreiche Tätigkeit bei gutem Anfangslohn, Gurken-Evers-Straße 13-14, 1000 Berlin 20, Seeburge-

Stellenangebote, kaufmännisch

Opel Gillwald sucht möglichst per sofort qualifizierten Verkaufsberater. 2 51 03 95
Bürokraft für interessante selbständige Tätigkeit halbtags (nachmittags) gesucht. 2 16 34 36

⑫

---

⑪

D H L
Worldwide Courierservice

Ab dem 30. 11. 19.. eröffnen wir eine Station in Berlin.

Wir sind ein junges, kleines Team und suchen per sofort einen jungen, verantwortungsbewußten

K O L L E G E N
sympathisch und unkompliziert.

⑬

Pro Abend ca. DM 200,-

zu verdienen, müßte Ihnen ein Anruf wert sein! Wir geben Ihnen die Chance durch eine interessante Beschäftigung. Nur Pkw erforderlich. Tel. 87 13 03 oder 87 17 02 oder 86 05 31 von 8–17 Uhr.

Wir stellen ein!
Kassierer/Kassiererinnen zur Aushilfe
Stundenlohn DM 10,- netto
Monatlich maximal 390,- netto

Zur Beachtung!

⑭

Wilhelm Furtner
Holzapfelweg 27
2000 Hamburg 60

Hamburg 1.10.19..

Sehr geehrte Damen und Herren,
ich habe Ihre Anzeige ....

Ü1

Untersuchen Sie die Anzeigentexte auf S. 8 und 9 auf konkrete Informationen sowie äußere Form und Gestaltung. Bewerten Sie den Inhalt der Anzeige:

a) informativ, b) unklar, c) positiv werbend, d) reißerisch, e) ehrlich, f) gefühlsbetont, g) ohne Inhalt, h) subjektiv, i) sachbezogen, k) bedürfnisweckend, l) gängigen Klischees entsprechend.

Welche Aussagekraft haben die verwendeten Adjektive?
Achten Sie auch auf die Verwendung von Aktiv- und Passivformen!
→ Baustein 1, Grammatik · Zeichensetzung, S. 16/17

Für die Beurteilung einer Stellenanzeige sind folgende Informationen wichtig:

- Beschreibung der Firma/Behörde
- Berufs-/Arbeitsplatzbeschreibung
- Leistungen des Arbeitgebers (Bezahlung, soziale und außertarifliche Leistungen)
- Arbeitsort(e) und Verkehrsverbindungen
- Eintrittstermin/-zeitraum
- Vorausgesetzte Qualifikationen
- Alter
- Geschlecht
- Hinweise zur Bewertung: Form und Art der verlangten Bewerbungsunterlagen
- Firmenadresse/Telefon/evtl. Name eines Gesprächspartners

Ü2

Welche und wie viele Punkte aus der Informationsliste sind in der folgenden Stellen-anzeige wiederzufinden? Notieren Sie diese.

Bundesversicherungsanstalt für Angestellte Berlin

sucht für ihre **Abteilung Organisation und Datenverarbeitung** (Anwendersysteme - Rehabilitation) zum sofortigen Dienstantritt einen

DV-Organisator

für die Entwicklung von EDV-gestützten Verfahren im Bereich der Klinikverwaltung

Aufgaben:

Analyse, Konzeption, Entwicklung, Test und Pflege in den Gebieten
- Leistungserfassung und -bewertung
- Leistungsabrechnung
- Krankenhausrechnungswesen
- Ablauforganisation

Hierfür erwarten wir Bewerber mit
- abgeschlossenem Studium als graduierter Betriebswirt oder vergleichbaren Kenntnissen
- Erfahrungen in der DV-Organisation, Programmierung und EDV-Systemplanung
- Kooperativem Arbeitsstil

Mehrjährige Erfahrungen in der Krankenhausorganisation und möglichst auch im Rechnungswesen sind erwünscht.

Wir bieten Bezahlung nach Vergütungsgruppe III MTAng.-BfA (entsprechend BAT) und die im öffentlichen Dienst üblichen zusätzlichen Leistungen.

Richten Sie bitte Ihre schriftliche Bewerbung mit den üblichen Unterlagen (Lebenslauf, fotokopierte Zeugnisse etc.) bis zum 03.12.01 an die

Bundesversicherungsanstalt für Angestellte Dezernat 2002 — Personaleinstellungen Postfach 1000 Berlin 88

Enthalten sind:

_____

_____

_____

_____

_____

_____

_____

_____

_____

_____

_____

_____

_____

_____

Zahl der enthaltenen
Informationen _____

Ü3

Untersuchen Sie anhand der Informationsliste auf S. 10 die Stellenangebote auf den Seiten 8 und 9, und stellen Sie fest, welche Informationen enthalten sind und welche fehlen:

Enthalten sind		
immer	häufig	nie

Es fehlen		
immer	häufig	nie

Zusatzfrage: Welche Informationen sind notwendig, welche überflüssig?

S1

Unter Berücksichtigung des Kriterienkataloges für die Beurteilung einer Stellenanzeige sind jetzt zwei Stellenangebote zu entwerfen:
Schreiben Sie eine der Anzeigen von S. 8 oder 9 so um, daß der Inhalt klar und interessant ist.

Ausbaustellung bietet Gurken-Evers männlicher Hilfskraft für abwechslungsreiche Tätigkeit bei gutem Anfangslohn, 1000 Berlin 20, Seeburge-Straße 13-14

Männliche Hilfskraft für unser Auslieferungs-lager sofort gesucht, Führerschein 3 Bedingung, 9,50/Std., ausbaufähige Halbtagsstelle bei Gurken-Evers, Seeburger Straße 13-14, 1 Berlin 20

Ü4

Kenntnis von und Information über freie/offene Arbeits- und Ausbildungsplätze bekommt man durch:

- Anzeigen in regionalen und überregionalen Tages- und Wochenzeitungen, Fachzeitschriften u.ä.

- Anfragen beim Arbeitsamt

- Freunde/Bekannte/Verwandte

- Bewerbungen in Eigeninitiative

- Anschläge an Litfaßsäulen, in Bussen, U-Bahnen und anderen Verkehrsmitteln

- Aushänge ("Schwarzes Brett") bei Behörden und Firmen

- Anschlagtafeln vor Firmen- und Fabrikgebäuden

a) Welche der eben aufgeführten Informationsmöglichkeiten haben Sie bereits genutzt? Welche sind für Sie neu?

b) Berichten Sie über Ihre Erfahrungen, notieren Sie stichwortartig die Erfahrungen der anderen Kursteilnehmer, vergleichen Sie deren Aussagen mit Ihren eigenen.

Ü5

Für die Stellensuche stehen uns drei Kontaktformen zur Verfügung:

1. Das persönliche Gespräch
2. Der Telefonanruf
3. Der Brief (schriftliche Bewerbung)

Welche Kontaktform halten Sie für die erfolgversprechendste, wenn Sie die hier aufgelisteten Informationsmöglichkeiten zuordnen? Verwenden Sie bei der Zuordnung die Buchstaben G (= Gespräch), T (= Telefonanruf) und B (= Brief).

	+	+ / − ERFOLGVERSPRECHEND	−
Anzeigen	T/B		
Anfragen beim Arbeitsamt			
Freunde/Bekannte/Verwandte			
Bewerbungen in Eigeninitiative			
Anschläge in Verkehrsmitteln			
Aushänge/Anschlagtafeln			

S2

Sammeln Sie bis zur nächsten Kursstunde alle Informationen über Arbeits-/Ausbildungsplätze in Berufen, die für Sie schon immer besonders verlockend schienen.

Machen Sie aus den Sammelergebnissen eine Übersicht:

Anzeige/Nachricht vom	Informationsquelle	Stellenbeschreibung (in Stichpunkten)
2. Februar 19..	"Morgenblatt"	versierter Dachdecker Bauerfahrung .....
5. Februar 19..	...	...

Werten Sie die Ergebnisse aus, fertigen Sie einen Bericht an, und versuchen Sie darzustellen, inwieweit sich die gesammelten Informationen und Fakten mit Ihren bisherigen Vorstellungen decken bzw. davon abweichen.
Diskutieren Sie den Bericht in der Klasse.

Berufswahl/Ausbildungsplatzsuche

Rudi Michel
15 J.,
9. Klasse
Hauptschule

Gertrud Kempfer
38 Jahre,
Hauptschulabschluß,
Schreibkraft

Ü1

Betrachten Sie zuerst die Tabelle
zum Schulsystem der BR Deutschland.

Ü2

Welche Wunschberufe können
Gertrud und Rudi ohne
weitere Schulabschlüsse
ergreifen?

Ü3

Welche Schulabschlüsse brauchen sie für ihre anderen Wunschberufe?

S.61f.

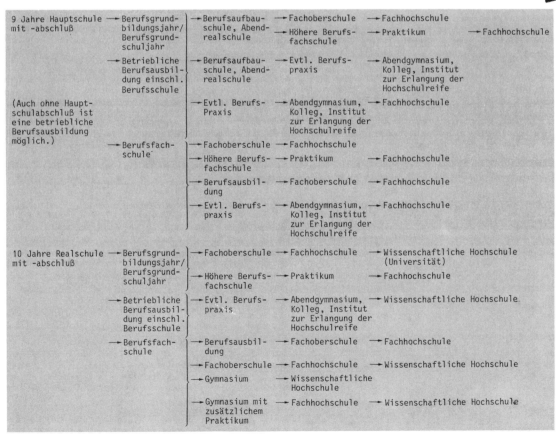

9 Jahre Hauptschule mit -abschluß	→ Berufsgrund- bildungsjahr/ Berufsgrund- schuljahr	→ Berufsaufbau- schule, Abend- realschule	→ Fachoberschule	→ Fachhochschule	
			→ Höhere Berufs- fachschule	→ Praktikum	→ Fachhochschule
	→ Betriebliche Berufsausbil- dung einschl. Berufsschule	→ Berufsaufbau- schule, Abend- realschule	→ Evtl. Berufs- praxis	→ Abendgymnasium, Kolleg, Institut zur Erlangung der Hochschulreife	
(Auch ohne Haupt- schulabschluß ist eine betriebliche Berufsausbildung möglich.)		→ Evtl. Berufs- Praxis	→ Abendgymnasium, Kolleg, Institut zur Erlangung der Hochschulreife	→ Fachhochschule	
	→ Berufsfach- schule	→ Fachoberschule	→ Fachhochschule		
		→ Höhere Berufs- fachschule	→ Praktikum	→ Fachhochschule	
		→ Berufsausbil- dung	→ Fachoberschule	→ Fachhochschule	
		→ Evtl. Berufs- praxis	→ Abendgymnasium, Kolleg, Institut zur Erlangung der Hochschulreife	→ Fachhochschule	
10 Jahre Realschule mit -abschluß	→ Berufsgrund- bildungsjahr/ Berufsgrund- schuljahr	→ Fachoberschule	→ Fachhochschule	→ Wissenschaftliche Hochschule (Universität)	
		→ Höhere Berufs- fachschule	→ Praktikum	→ Fachhochschule	
	→ Betriebliche Berufsausbil- dung einschl. Berufsschule	→ Evtl. Berufs- praxis	→ Abendgymnasium, Kolleg, Institut zur Erlangung der Hochschulreife	→ Wissenschaftliche Hochschule	
	→ Berufsfach- schule	→ Berufsausbil- dung	→ Fachoberschule	→ Fachhochschule	
		→ Fachoberschule	→ Fachhochschule	→ Wissenschaftliche Hochschule	
		→ Gymnasium	→ Wissenschaftliche Hochschule		
		→ Gymnasium mit zusätzlichem Praktikum	→ Fachhochschule	→ Wissenschaftliche Hochschule	

S1

Für die Berufswahl sind auch die Zukunftsaussichten sehr wichtig. Wie schätzen Sie die Chancen der hier aufgeführten Berufe ein?

Die Lieblingsberufe der Mädchen und Jungen

Jungen		Mädchen	
Kfz-Mechaniker	86724	107555	Verkäuferin
Elektriker	57515	62041	Friseurin
Maschinenschlosser	45602	40463	Bürokauffrau
Tischler	41708	37936	Arzthelferin
Maurer	38219	35397	Industriekauffrau
Maler	34938	27323	Einzelhandelskauffrau
Gas- u.Wasserinstallateur	33134	27092	Zahnarzthelferin
Groß- u. Außenhandelskaufmann	28005	26299	Bankkauffrau
Bäcker	24125	23714	Rechtsanwaltsgehilfin
Werkzeugmacher	22060	20453	Groß- u. Außenhandelskauffrau
Schlosser	21927	18310	Bürogehilfin
Bankkaufmann	21733	18108	Steuerberatergehilfin

sehr gut	gut	mittel	weniger gut	schlecht

Ü4

Kreuzen Sie die Eigenschaften an, die Sie zu haben glauben, und bitten Sie eine(n) Freund(in)/Verwandte(n)/Bekannte(n)/Kursteilnehmer(in), Sie ebenfalls anhand dieser Liste einzustufen. Vergleichen Sie die eigenen mit den Fremdergebnissen und diskutieren Sie die Unterschiede.

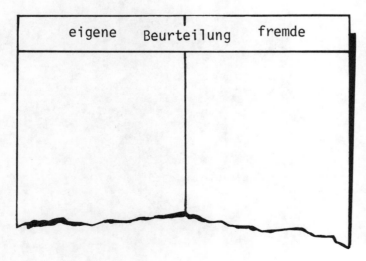

eigene	Beurteilung	fremde

A = gutes Reaktionsvermögen
B = gute Beobachtungsgabe
C = Sinn für Genauigkeit
D = gutes Gedächtnis, Merkfähigkeit
E = sprachliche Gewandtheit, Ausdrucksfähigkeit
F = gute Umgangsformen, freundliches Wesen
G = Konzentrationsfähigkeit und Aufmerksamkeit
H = Kontaktfreudigkeit
I = Fähigkeit zur Gruppenarbeit
K = Selbstbewußtsein
L = Körperliche Belastbarkeit (auch für schwere Arbeiten)
M = Schwindelfreiheit
N = Farbunterscheidungsvermögen
O = räumliches Vorstellungsvermögen
P = Formensinn, gestalterische Begabung
Q = gut in Deutsch
R = gut in Rechnen
S = gut in Erdkunde
T = besondere technische Befähigung, Verständnis für technische Abläufe
U = zeichnerische Fähigkeiten
V = praktisches handwerkliches Geschick
W = Fingerfertigkeit

S2

Bei der Wahl eines Berufes/bei der Suche nach einem Arbeitsplatz müssen Sie Ihre persönlichen Voraussetzungen - über das Vorhandensein bestimmter Eigenschaften hinaus - berücksichtigen.

- Schulausbildung/-abschluß weiterführende Fachschulen
- Fremdsprachenkenntnisse (in Wort und Schrift)
- Weiterbildung in Eigeninitiative (nicht nur berufsbezogene angeben)
- Sind Sie zufrieden mit Ihrem Beruf/Arbeitsplatz/Wohnort?
- Lesen Sie ständig/oft/nie Branchenberichte/Stellenanzeigen?

- Hobbys, deren Pflege sich mit den Erfordernissen des Wunschberufes ergänzen
- Standortgebundenheit (durch Grundbesitz, familiäre Verhältnisse u.ä.)
- Wie alt sind Sie?
- Halten Sie Ihren Beruf/Arbeitsplatz für zukunftssicher?
- Warum haben Sie früher die Stelle(n) gewechselt?

- Berufsausbildung/-abschluß, andere nachweisbare Erfahrungen mit/Kenntnisse in ..., Führerschein(e)
- Auslandsaufenthalte
- Gesundheitszustand/seelische Belastbarkeit
- Haben Sie immer/oft/nie erreicht, was Sie anstrebten?
- Haben Sie sich schon einmal einem Eignungstest unterzogen?

Ü5

S. 63

Wo kann man sich über Anforderungen, Aussichten und Tätigkeitsmerkmale eines Berufs umfassend informieren?
Schreiben Sie eine Liste solcher Informationsquellen, und holen Sie persönlich/telefonisch/schriftlich Auskunft ein über die Berufe "Bürogehilfe/Bürogehilfin" und "Bäcker/Bäckerin".
Ordnen Sie die gesammelten Informationen zu:

	Bürogehilfe/Bürogehilfin	Bäcker/Bäckerin
Tätigkeiten:		
Ausbildungsvoraussetzungen:		
Tätigkeiten während der Ausbildung:		
Ausbildungszeit:		
Abschlußprüfung:		
Ausbaumöglichkeiten des Berufes:		
Berufsaussichten:		
Darauf aufbauende weitere Berufsmöglichkeiten:		

3 Ungekündigte Arbeitnehmer auf der Suche nach einem anderen Arbeitsplatz

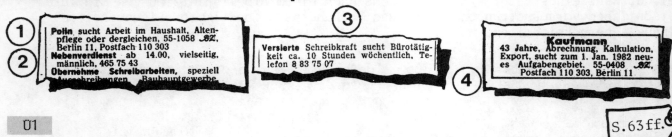

① ② **Polin** sucht Arbeit im Haushalt, Altenpflege oder dergleichen, 55-1058 *BZ*, Berlin 11, Postfach 110 303
Nebenverdienst ab 14.00, vielseitig, männlich, 465 75 43
Übernehme Schreibarbeiten, speziell Ausschreibungen, Bauhauptgewerbe...

③ **Versierte** Schreibkraft sucht Bürotätigkeit ca. 10 Stunden wöchentlich, Telefon 8 83 75 07

④ **Kaufmann** 43 Jahre, Abrechnung, Kalkulation, Export, sucht zum 1. Jan. 1982 neues Aufgabengebiet. 55-0408 *BZ*, Postfach 110 303, Berlin 11

Ü1

S.63ff.

Was für Stellenangebote sind Ihrer Meinung nach auf diese Anzeigen zu erwarten?

Ordnen Sie diese 10 Angebote den Anzeigen ① - ④ zu:

Wir bieten Ihnen

a) ..... *eine Stelle in unserer Exportabteilung an. Sie erwartet eine vielseitige, interessante Tätigkeit. Wenn Sie .....*

b) ..... nach 3monatiger Probezeit Festanstellung in unserem Hause als Kalkulator und Mitarbeiter in einem gut eingespielten Team. Bitte nehmen Sie .....

c) ..... eine Stelle als Telefonsachbearbeiter an und setzen Grundkenntnisse im Maschineschreiben voraus. Sollten Sie .....

d) ..... die Gelegenheit, schnell und sicher in kurzer Zeit durch saubere, einfache Werbetätigkeit Ihren Kontostand aufzubessern. Wenn Sie unter 25 J. sind und .....

e) ..... *eine ausbaufähige Stelle in unserem Unternehmen als Kundenbetreuer an. Wir erwarten langjährige Erfahrung und fundierte Außenhandelskenntnisse. .....*

f) ..... die Chance, bei guten Leistungen und risikofreudiger Einsatzbereitschaft in nur wenigen Arbeitsstunden durch das Vorhandensein modernster Büromaschinen .....

g) ..... eine Stelle als Springer in unserer Produktionshalle an und erwarten Kenntnisse im Ausfüllen von Abrechnungszetteln und Arbeitsvorlagen. Haben Sie .....

h) ..... die Möglichkeit, sich in unserer Zweigstelle im Ausland als Kontakter für unsere dortigen Geschäftsfreunde einarbeiten zu lassen. Voraussetzungen dafür .....

i) ..... *die Arbeit einer Aushilfskraft während der Wintermonate an und erwarten, daß alle in einem Büro vorkommenden Arbeiten erledigt werden können. .....*

j) ..... stundenweise Beschäftigung in der Expedition unseres Warenhauses an. Günstig sind Erfahrungen im Umgang mit Speditionsgeschäften, werden aber nicht zur Bedingung gemacht. .....

S1

Ergänzen Sie die Anzeigen ① - ④ mit den Ihrer Meinung nach fehlenden Angaben.

Fallbeispiel

Frau Mager, 42 Jahre, ist mit dem Arbeitsplatz seit längerem nicht mehr zufrieden, will sich aber mit dieser wenig glücklichen Situation nicht abfinden.

Frau Mager hat nach dem Hauptschulabschluß eine Lehre als Einzelhandelskaufmann angefangen, jedoch nicht beendet und aus finanziellen Gründen dann eine Arbeit im Akkord angenommen. Vor 6 Jahren ließ sie sich firmenintern zur Werkstattschreiberin anlernen.

Frau Mager verfügt über einen ausgeprägten Ordnungssinn, hat Freude am Umgang mit technischen Arbeitsmitteln und mit Zahlen; in der Freizeit hört sie gern Musik und liest Krimis. Frau Mager will über eine Anzeige unter "Stellensuche" ihr Glück versuchen und inseriert wie folgt:

> Arbeitnehmerin, alleinstehend, Musikliebhaberin,
> wünscht sich zu verändern. Angebote unter 25192 an ...

Frau Mager erhält drei Antworten auf diese Anzeige.

1. Ein Musikverlag bietet eine Stelle im Versand an.
2. Ein Kontaktclub für "Singles" schickt eine Einladung zu einer Tanzveranstaltung.
3. Nachtbar "Blue Moon" bietet eine Stelle als Garderobenfrau an.

Ü2

Warum sind auf die Anzeige von Frau Mager nur unerwünschte/nicht beabsichtigte Reaktionen eingegangen? Notieren Sie, welche Fehler Frau Mager beim Schreiben des Anzeigentextes gemacht hat.

Ü3

Erstellen Sie eine Liste von Angaben, die einen Anzeigentext erst aussichtsreich machen (siehe dazu auch S. 10):

zur Person	zur Schul-/Berufs- ausbildung	zum gewünschten Arbeitsplatz

Ü4

Schreiben Sie anhand der erarbeiteten Angaben für Frau Mager eine zutreffende Anzeige.

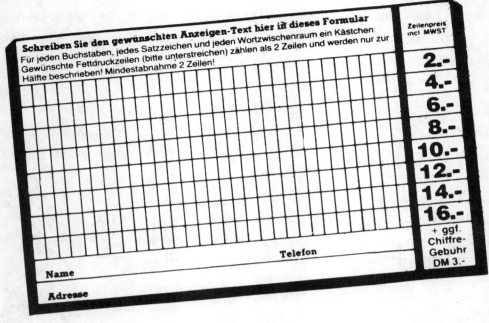

S2

Schreiben Sie eine Kurzanzeige, die Ihrer persönlichen Situation entspricht.

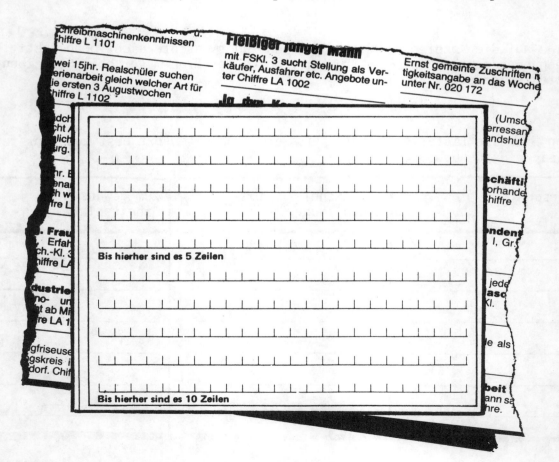

Ü5

a) Bitte lesen Sie die Anzeigentexte durch und notieren Sie mögliche Reaktionen von Arbeitgebern zu den einzelnen Anzeigen.

b) Spielen Sie anhand der Stellensuchanzeigen denkbare Telefonate zwischen Arbeitgeber und Arbeitsuchendem durch.

Was haben Sie vorher gemacht?

Hausgehilfin sucht 1-2 x wöchentlich selbständigen Wirkungskreis. Bevorzugt Zehlendorf. 8 34 26 59

Könnten Sie bitte näheres über diese Position sagen ....

Ärger im Büro?   Keine Zeit?   Stress?

Weibliches Renditeobjekt

für anspruchsvollen langfristigen Anleger:

Kapitaleinsatz: DM 55000,- p.a./VB
Abschreibung: Ärger, Stress
Rendite: Zeit, tägliche Auszahlung
Zusatzbonus: Loyalität, Diskretion

Also: Wenn Sie mit Ihrer eigenen rechten Hand lieber Tennis spielen etc., sollten Sie sich eine zweite gönnen und mir schreiben!
GO 140 Der Tagesspiegel, Postfach, 1000 Berlin 30

... Wir haben Ihre Anzeige in ..... gelesen. ......

Schicken Sie mir doch bitte zuerst Ihre Bewerbungsunterlagen zu.

Wann kann ich mich persönlich bei Ihnen vorstellen? .....

Versierter Hausverwalter, zugleich Versicherungsfachmann. Mitte 50, sucht neuen Wirkungskreis. RR 2029 Der Tagesspiegel, Postfach, 1 Berlin 30

Galvanikfacharbeiter sucht neue, verantwortungsvolle Aufgabe, spez. Kenntnisse im Versilbern. DG 0421 .BZ, Postfach 11 03 03, Berlin 11
Frau, 44, arbeitswillig und zuverlässig, sucht Vollzeitarbeit als Kraftfahrerin, Kl. 3 (würde auch Lkw fahren). DG 0420 .BZ, Postfach 11 03 03, Berlin 11
Examin., erfahrene Krankenschwester übernimmt freiberuflich häusliche Betreuung und Pflege, stundenweise, tagsüber. DG 0419 .BZ, Postfach 11 03 03, Berlin 11
Nebenverdienst, weiblich, 382 49 05
Suche nebenberuflich Hauswartstelle mit Badwohnung, ohne Wohnberechtigungsschein, ab 17 Uhr: 382 69 20
Elektrotechniker, Pole, sucht Arbeit, 492 47 92
Junger Pole, 30, sucht Arbeit ohne Papiere, Führerschein III + II vorhanden, 216 10 29, ab 10.00
Suche Arbeit, Führerschein Kl. II, 625 34 46
Fahrerin mit eigenem VW-Bus frei, 333 56 95
Gelernter Kellner sucht Aushilfe/Büfett, 625 73 44

711 79 32
Übernehme Schreib-/Buchhaltungsarbeiten, gew., 461 23 14
Mache Gartenarbeiten aller Art, 692 86 30
Zuverlässiger Angestellter, Pkw, sucht kleine Nebenbeschäftigung, auch im Haushalt, etwa 6 Stunden wöchentlich, 822 83 11
Junger Mann sucht dringend Arbeit als Bau- oder Tischlerhelfer, 312 82 14
Zahntechnikerin, 4 Jahre Bürotätigkeit im zahntechnischen Labor, selbständige Rechnungserstellung, EDV, sucht sich zu verändern, 55-0617 .BZ, Berlin 11, Postfach 110 303
Suche Maler- und Tapezierarbeiten, preiswert, 745 95 71
Raumpflege, wer möchte seine Praxis nach Feierabend gesäubert haben? Anruf erbeten unter: 791 45 48
Übernehme Schreibarbeiten (IBM), Korrespondenz, Schriftsätze, Bilanzen, Dissertationen, Statistiken etc., 361 30 60
Rentnerin, ehemalige Buchhalterin, sucht Aushilfstätigkeit. 55-0768 .BZ, Berlin 11, Postfach 110 303

4 Arbeitslose im Gespräch mit Arbeitsamt-Sachbearbeitern

 "Guten Tag. Bitte setzen Sie sich. Wie ich sehe, haben Sie die Beratungs- und Vermittlungskarte nicht ganz ausgefüllt ..."

"Na gut, Sie geben an, nach der Realschule eine Lehre zum Schneider gemacht zu haben. Mit Abschluß, ja?"

"Aber gearbeitet haben Sie dann zunächst als Aushilfe in einem Warenhaus und dann einige Monate als Fahrer in der Auslieferung. Warum haben Sie Ihren Beruf bisher eigentlich nie richtig ausgeübt?"

"Wie Sie sich denken können, ist mir aufgrund Ihrer Angaben das Berufsbild nicht so klar. Ich muß Sie ja zunächst einmal einer Berufsgruppe zuordnen, um die Möglichkeiten für eine Vermittlung zu haben. Können Sie sonst noch Fähigkeiten und Kenntnisse nachweisen, die Sie für den Arbeitsmarkt interessant machen?"

"Nun, zum Beispiel Bescheinigungen über weiterbildende Kurse an Abendschulen oder in der Volkshochschule, außerberuflich erworbene sonstige Fertigkeiten und Kenntnisse, Fremdsprachen und ähnliches. Übrigens benötigen wir natürlich noch das Zeugnis Ihres letzten Arbeitgebers. Vielleicht erleichtert mir das dann die Zuordnung zu einer Berufsgruppe."

"Das erleichtert mir die Arbeit ja nun nicht gerade. Beantragen Sie zunächst einmal Arbeitslosengeld, das dauert vom Antragstag an gerechnet ca. 4 Wochen bis zum Bewilligungsbescheid. Wenn Sie in der Zwischenzeit noch das Zeugnis erhalten, geben Sie mir unverzüglich davon Kenntnis. Alles andere steht hier auf dem Merkblatt."

"Informieren Sie Ihre Krankenkasse und beantragen Sie die ermäßigte Grundkarte für die Verkehrsmittel. Sollten Sie dann noch Fragen haben, rufen Sie mich unter 22 34 852 an - aber lesen Sie sich das Merkblatt richtig durch. Auf Wiedersehen."

"Tja, einige Fragen sind mir nicht ganz klar, daher ..."

"Ja, die Lehre habe ich mit "befriedigend" abge-schlossen."

"Mmh, ja, ich habe schon während der Lehre Probleme mit der Wirbelsäule gehabt, ..."

_____

_____

_____

_____

_____

_____

_____

_____

_____

_____

_____

_____

_____

_____

_____

"Krankenkasse, wie mache ich denn das?"

_____

_____

"Was bitte ist denn eine ermäßigte Grundkarte?"

Ü1

a) Spielen Sie das Gespräch von S. 20/21 nach. Halten Sie sich nicht am vorgegebenen Text fest, wenn die Spielsituation sich anders entwickelt.

b) Wie verläuft das Gespräch, wenn der Sachbearbeiter folgendes sagt:

> *"... Merkblatt richtig durch. Vielleicht wäre Ihnen auch mit einem Termin beim Berufsberater gedient. Möchten Sie, daß ich einen Termin für Sie abmache?"*

> *"... Merkblatt richtig durch. - Haben Sie sich schon Gedanken gemacht, wie Sie sich Ihre Zukunft vorstellen? Ich meine, vielleicht können wir Ihnen dann leichter wieder zu einem Arbeitsplatz verhelfen?"*

Ü2

Spielen Sie das Gespräch nun völlig frei unter Festlegung der Ausgangsposition des Arbeitssuchenden durch:

a) ungekündigt   b) gekündigt   c) bisherige Berufstätigkeit

Ü3

Stellen Sie sich vor, Sie sind arbeitslos. Notieren Sie für ein Gespräch beim Arbeitsamt alle Punkte, die Sie geklärt haben wollen.

Ausbildung/Arbeitsplätze/Fähigkeiten   Wünsche, den neuen Arbeitsplatz/
die Umschulung betreffend

S1

Bereiten Sie sich unter Berücksichtigung Ihrer ganz persönlichen Situation auf ein Gespräch mit dem Berufsberater beim Arbeitsamt vor. Erarbeiten Sie sich nach und nach einen Stichwortzettel mit allen Fragen, die Sie haben.

→ Baustein 2, Telefonieren · Schriftliche Mitteilungen, S. 14

S2

Informieren Sie sich über Ihre Rechte und Pflichten im Falle einer Arbeitslosigkeit, und diskutieren Sie in der Gruppe über bisher vorliegende persönliche Erfahrungen.

Wie steht es mit dem Arbeitslosengeld, wenn Sie selbst kündigen?
Welche Sperrfristen gibt es?
Wann und wie lange wird ALG (Arbeitslosengeld) gezahlt?
Wann wird ALHi (Arbeitslosenhilfe) gezahlt und wie lange?
Wann gibt es Konkursausfallgeld?
Wer hat Anspruch auf Sozialhilfe?

Jede Bewerbung - ob in mündlich/telefonischer oder schriftlicher Form - ist Werbung in eigener Sache und soll dazu verhelfen, die nächste Hürde erfolgreich zu nehmen und zu einem Vorstellungsgespräch eingeladen zu werden. Jeder, der sich um eine Stelle bewirbt, muß sich gegen Mitbewerber behaupten, und bereits der erste Eindruck kann über den Erfolg bzw. Mißerfolg entscheiden. Ihre Bewerbung sollte deshalb sorgfältig geplant sein, um mit Methode und klaren Vorstellungen über die eigenen Wünsche und Fähigkeiten den zukünftigen Arbeitgeber für Sie zu interessieren.

Telefonische Bewerbung   1

Jeder telefoniert wahrscheinlich täglich ein oder mehrere Male und macht dabei Fehler, die dem Gesprächspartner auffallen. Da sich sehr selten jemand Klarheit darüber verschafft, wie er oder sie auf Gesprächspartner am Telefon wirkt, sollten Sie sich anhand der nachfolgenden Liste einmal über Ihr "normales" Telefonverhalten Gedanken machen. Kontrollieren Sie sich so objektiv wie möglich, um durch Erfassen Ihrer fehlerhaften Verhaltensweisen Ihr Telefonierverhalten auf Dauer zu verbessern.

→ Baustein 1, Telefonieren · Schriftliche Mitteilungen, S. 8-37

Checkliste

	ja	nein	kommt darauf an	weiß ich nicht
Telefonieren Sie gern?	X			
Wissen Sie immer, mit wem Sie sprechen wollen/müssen?				
Schreiben Sie sich vor einem wichtigen Telefonat einen Stichwortzettel?				
Haben Sie neben dem Telefon jederzeit Zettel und Stift parat?				
Melden Sie sich immer mit Ihrem Namen?				
Rauchen, trinken, essen Sie beim Telefonieren?				
Kontrollieren Sie Ihre Stimme und Stimmung beim Telefonieren?				
Wiederholen Sie wichtige Angaben (z.B. Namen oder Zahlen) sicherheitshalber?				
Kennen Sie das Telefonalphabet?				
Bemühen Sie sich um eine deutliche Aussprache beim Telefonieren?				
Sind Sie in der Lage, ein Telefongespräch gewinnend zu beginnen/zu führen/zu beenden?				
Finden Sie, daß Sie sich am Telefon schnell verständlich machen können?				
Verstehen Sie immer, was der Anrufer von Ihnen will?				
Gehören Sie zu den Dauertelefonierern, die wegen jeder Kleinigkeit bei anderen anrufen?				

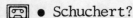

● Schuchert?

o Guten Tag, ich heiße Heike Immel und rufe wegen Ihrer Anzeige im "Morgenblatt" an.

● Ja, aber ich suche einen Auszubildenden für das Schornsteinfegerhandwerk! Da müssen Sie sich wohl verwählt haben ...

o Nein. Ich weiß, daß Sie einen Lehrling suchen. Deshalb rufe ich ja an. Ich bin an einer Ausbildung zum Schornsteinfeger interessiert - ich möchte mich bei Ihnen bewerben.

● Aber Fräulein - ich habe Ihren Familiennamen nicht verstanden - eigentlich habe ich dabei an einen Jungen gedacht.

o Herr Schuchert, ich weiß, bisher war das wohl auch immer nur ein Beruf, den Jungen gewählt haben, aber ich habe mich sehr genau über den Ausbildungsgang zum Schornsteinfeger informiert. Ich habe den Realschulabschluß, bin schwindelfrei, und da ich seit Jahren aktiv in einem Handballverein spiele, bin ich körperlich fit. Darf ich mich nicht einmal bei Ihnen persönlich vorstellen - vielleicht kann ich dann Ihre Bedenken gegen ein Mädchen aus dem Weg räumen?

● Na gut, also meinetwegen. Kommen Sie morgen um 15.00 Uhr mit Ihren Bewerbungsunterlagen in den Mittelbusch 16. Dann sehen wir weiter.

o Vielen Dank und bis morgen. Ich bin bestimmt pünktlich. Auf Wiederhören.

Ü1

Was hat Heike Immel getan, um das nächste Ziel, die persönliche Vorstellung, trotz der ablehnenden Haltung von Herrn Schuchert zu erreichen?

Unterstreichen Sie im Telefon-Text die Formulierungen, mit denen Heike Immel Ihrer Meinung nach Interesse für sich geweckt hat. Sammeln Sie zu jeder gefundenen weitere ähnliche Formulierungen, die Sie für wirkungsvoll halten.

Ü2

Welche Erfahrungen haben Sie bisher mit telefonischen Bewerbungen gemacht? Wie war es, wenn Sie gut vorbereitet/unvorbereitet waren?
Sprechen Sie in der Gruppe darüber, und vergleichen Sie Ihre Erfahrungen mit denen der anderen Lerner.

Ü3

Entscheiden Sie: Welche Antwort auf die Fragen des Personalchefs halten Sie jeweils für

| werbend | situationsgerecht | neutral | unangebracht | abstoßend? |

Ⓐ

> Schön, ja ..... könnten Sie mir kurz Ihren beruflichen Werdegang schildern?

1. Tja, das würde aber sehr lange dauern! Das schreibe ich Ihnen lieber auf.

2. Bisher gab es für mich keine Probleme - ich habe ständig zu den Erfolgreichen gehört.

3. Gern, wenn ich Ihnen damit nicht zu viel Zeit wegnehme.

4. Als ich nach Beendigung meiner Lehrzeit keinen festen Arbeitsplatz fand, habe ich mich zum/zur ... umschulen lassen und bin seit 5 Jahren als ... in einem Kleinbetrieb angestellt.

5. Wissen Sie, das würde ich Ihnen lieber in einem persönlichen Gespräch schildern.

B

> Sagen Sie, warum finden Sie unser Stellenangebot eigentlich so interessant?

1. Interessant - ja, natürlich, aber ich bin arbeitslos.

2. Weil ich bisher nur Positives über Ihr Betriebsklima und Ihre Sozialleistungen gehört habe.

3. Interessant an Ihrer Firma ist für mich, daß ich gleich um die Ecke wohne. Das erspart mir die lästige Fahrerei.

4. Meine Freundin ist schon seit Jahren bei Ihnen beschäftigt - und da könnte ich sie dann auch während der Pausen sehen.

5. Weil Sie innerbetriebliche Weiterbildung und Aufstiegschancen nach entsprechender Einarbeitungszeit garantieren.

C

> Aha - ist das der einzige Grund für Ihre Bewerbung?

1. Eigentlich schon, alles andere habe ich mir nicht so überlegt bisher.

2. Keineswegs, aber das ist neben den angebotenen Einkaufsvorteilen ein wichtiger Grund für meine Bewerbung.

3. Nein, denn außerdem erwarte ich einen Arbeitsplatz, der mir auch berufliche Weiterbildungsmöglichkeiten bietet und meine Fähigkeiten zum Zug kommen läßt.

4. Die kurze Entfernung zum Arbeitsplatz ist schon wichtig für mich, aber dazu kommt noch, daß ich mich schon immer für das Spezialgebiet ..... interessiert habe und hier die Möglichkeit sehe, Arbeit und Freude an einem Hobby unter einen Hut zu bringen.

5. Meine Eltern / Mein Mann / Meine Frau wollten, daß ich mich bei Ihnen bewerbe.

D

> Hm, ja, ich verstehe. Und was genau würden Sie sich von Ihrer neuen Tätigkeit erwarten?

1. Bisher konnte ich meine Fähigkeiten nicht so recht einsetzen; das wird sich hoffentlich bei Ihnen ändern.

2. Mit den Kollegen in der jetzigen Firma komme ich kaum zurecht, da wollte ich es mit neuen Menschen an einem anderen Arbeitsplatz versuchen.

3. Ich erwarte gar nichts. Eigentlich ist es mir lieber, wenn Sie mir sagen, was Sie von mir erwarten.

4. Ich hoffe, daß die neue Tätigkeit mir die Möglichkeit gibt, in meinem Beruf weiterzukommen und mit Kollegen gemeinsam zu arbeiten. Bisher war ich immer nur auf mich selbst allein angewiesen.

5. Ich denke, daß ich mit einem neuen Tätigkeitsfeld auch wieder Spaß am Leben bekomme und sich das dann auch auf meinen privaten Umgang auswirkt.

Ü4

Spielen Sie anhand der als werbend eingestuften Antworten nun das ganze Telefonat von der Begrüßung bis zur Verabschiedung durch.

Ü5

Sie sind darauf angewiesen, sobald wie möglich Arbeit zu finden, und bewerben sich auf (fast) alle Stellenanzeigen. Schreiben Sie anhand der abgebildeten Anzeigen einen Stichwortzettel mit Punkten, die Sie bei jedem telefonischen Bewerbungsgespräch beachten müssen, damit Sie nicht sofort eine Absage bekommen.

Stichwortzettel

Versierte Fachkraft, die selbständig arbeiten kann, für Hausverwaltung – auch Teilzeit möglich – gesucht. Telefon: 3 33 30 31

Empfangsdame/-herr für festen Kundenstamm gesucht, nettes ansprechendes Äußeres Bedingung, Pkw und Maschinenschreibkenntnisse Telefon nach 16.00 Uhr: 8 90 20 21

Zum Anlernen in unserer Versandabteilung wird freundliche(r) Mitarbeiter/in gesucht, engl. Kenntnisse erwünscht, aber nicht Bedingung. Expotex 1 56 17 81

S1

Nehmen Sie den Text dieser Anzeige als Vorlage zum Entwurf eines Bewerbungstelefonats. Schreiben Sie Ihre Strategie auf.

Stichwortzettel

bisher Innendienst mit Beratungstätigkeit bei Problemkunden, Kassenwart und Spielleiter im ...-Club keine Probleme im Umgang mit fremden Menschen

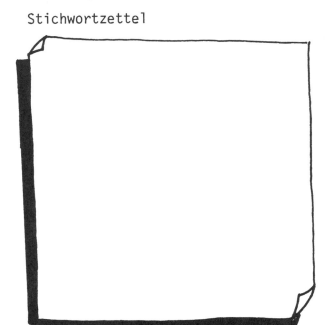

Wir bereiten den Aufstieg für Sie vor. Mit einer neuartigen Verkaufsstrategie. Doch die Dauer Ihres Erfolges und die Verdienstspanne bestimmen Sie allein – wie ein FREIER UNTERNEHMER. Sie sind völlig unabhängig und können Ihre Talente frei entfalten. Aber wir sichern Sie durch einen ANGESTELLTEN-VERTRAG mit Gehalt und attraktiven Sozialleistungen. Entscheidend ist nicht, in welcher Branche Sie bisher als Außendienstmitarbeiter tätig waren. Mit unserer Hilfe können Sie sich leicht eine einträgliche DAUEREXISTENZ aufbauen. Wenn das Ihr Wunsch ist, rufen Sie uns in der kommenden Woche Mo – Fr von 8.30 bis 13.00 Uhr an.

2 Schriftliche Bewerbung

a) Bewerbung um einen neuen Arbeitsplatz

Gesine Krauter
in 2000 Hamburg-Blankenese
Flutstraße 6, II. Stock
Telephon: 626-83-38

An die
Personalabteilung der Reederei Segel
Planufer 20-23

HH-2000 Hamburg

Hamburg, am 6. Juni

Sehr geehrte Damen und Herren!

Vor längerer Zeit hatten Sie ausführlich im "Abendblatt" inseriert und zwar suchten Sie eine "erfahrene Sekretärin mit englischen und spanischen Sprachkenntnissen für Ihre Niederlassung in Cuxhaven". Ihre Anzeige hat mir ausgesprochen gut gefallen, und ich denke, daß ich die Stelle bei Ihnen wirklich zu Ihrer Zufriedenheit ausfüllen kann.

Englisch habe ich damals noch auf der Handelschule gelernt; einen Spanischkurs werde ich demnächst auf der Volkshochschule beginnen.
Bei meiner Sprachbegabung wird es mir nicht schwer fallen, auch bald in der spanischen Sprache korespondieren zu können. Beruflich hatte ich bisher - gleich welche Stelle ich bekleidet habe - immer sehr viel Erfolg und war bei meinen Vorgesetzten und Kollegen wegen meiner Pünktlichkeit und Arbeitsfreudigkeit. Ich habe durchschnittliche Kenntnisse in der Buchhaltung und Abrechnung, die selbstverständlich noch ausbaufähig sind.

Zu einer persönlichen Vorstellung erbitte ich Ihre Termienabgabe und hoffe, daß meine Bewerbung in Ihren Augen wohlwollend Berücksichtigung finden wird.

Einen von Hand geschriebenen, ausführlichen Lebenslauf lege ich dieser Bewerbung anbei damit Sie ausreichend Gelegenheit haben, sich über meinen persönlichen und beruflichen Werdegang zu informieren.

Es grüßt Sie hochachtungsvoll!

(Gesine Krauter)

Anlagen: Lebenslauf, Paßphoto, Schul- und Arbeitszeugniße (gesamt 5 Stück)

Ü1

Untersuchen Sie das Bewerbungsschreiben von Gesine Krauter. Was macht die Bewerberin falsch?
Notieren Sie stichpunktartig alle Fehler und unterscheiden Sie:

formaler Aufbau	Satzzeichen	Rechtschreibung	Formulierungen/ Satzbau	falsche Einschätzung der Situation
Anschrift	Ausrufezeichen Anrede			

Ü2

Schreiben Sie die Bewerbung von Gesine Krauter neu, und orientieren Sie sich am unten abgedruckten Bewerbungsbrief, der Ihnen Anhaltspunkte geben soll.

→ Baustein 2, Telefonieren · Schriftliche Mitteilungen, S. 57

Gundula Holzer
Scheinstraße 12
1000 Berlin 62
Tel. (030) 871 16 15

Berlin, 9. August 19..

Druck und Presse
Personalabteilung
Württembergische Straße 17

1000 Berlin 31

Ihr Stellenangebot ..... in ..... vom .....

Sehr geehrte Damen und Herren,

Ihre Anzeige habe ich mit großem Interesse gelesen. Der Arbeitsbereich, für den Sie einen/eine ..... suchen, ist mir vertraut.

Deshalb möchte ich mich bei Ihnen um diese Stelle bewerben. Zur Zeit arbeite ich als ..... in einem mittleren Industriebetrieb. Da ich hier wegen ..... keine Entwicklungsmöglichkeiten sehe, suche ich ein neues Aufgabengebiet.

Alle nötigen Unterlagen füge ich bei. Über ein baldiges persönliches Gespräch würde ich mich sehr freuen.

Mit freundlichem Gruß

Gundula Holzer

Anlagen: Lebenslauf, Foto, 5 Zeugniskopien

Ü3

Vergleichen Sie untereinander alle umgeschriebenen Bewerbungsbriefe von Gesine Krauter, und notieren Sie dabei alle verwendeten Möglichkeiten der Brieferöffnung; die Begründungen dafür, warum sie sich gerade bei dieser Firma bewirbt; alle Qualifikationen, die angeführt werden; welche Gehaltswünsche geäußert werden; wann mit der Arbeit frühestens begonnen werden kann. Sammeln Sie diese Textbausteine.

Beruflich möchte ich mich weiterbilden, und ich hoffe, daß ich dazu in Ihrer Firma Gelegenheit habe.
Ich habe gute Kenntnisse in der Buchhaltung, Abrechnung, Stenografie und in Maschineschreiben.

Meine Arbeit während dieser insgesamt viereinhalb Jahre umfaßte neben Bestellungen die Kontrolle der Wareneingänge, Rechnungsbearbeitung, Führung eines Limitbuches, monatliche Abrechnungen sowie die Erledigung der anfallenden Korrespondenz.

Ich habe bisher als Buchhalterin gearbeitet. Da ich zwei Fremdsprachen (Englisch, Französisch) kann und auch gute Steno- und Maschinenschreibkenntnisse habe, möchte ich mein Wissen gern erweitern. Ich bevorzuge eine selbständige Tätigkeit.

Meine Gehaltsvorstellungen liegen bei 2.200 DM netto; bisher habe ich 1.900 DM netto verdient. Die neue Stelle könnte ich am 1. April dieses Jahres antreten.

Einstieg:

Begründung für die
Bewerbung:

Persönliche Qualifikationen:

Gehaltswünsche:

Zeitpunkt der Arbeitsauf-
nahme:

b) Bewerbung um einen Ausbildungsplatz

Bei Bewerbungen um einen Ausbildungsplatz richtet sich der formale Aufbau ebenfalls nach der DIN 5008-Regel.
Die Berufsberatung des Arbeitsamtes gibt dazu folgende Ratschläge:

Überzeugend bewerben

Wer etwas erreichen will, muß Interesse und Sympathie wecken. Das ist natürlich besonders wichtig, wenn es um Ihre Berufsausbildungsstelle geht. Überzeugen Sie den Empfänger durch eine gute Anordnung des Textes, Sauberkeit, Rechtschreibung, leserliche Schrift und einwandfreie Ausdrucksweise!

Und: den Lebenslauf auf jeden Fall mit der Hand schreiben! Der Ausbildungsbetrieb möchte auch einen Eindruck von Ihrer Schrift bekommen.

Beschreiben Sie Ihren Lebensweg, gehen Sie auf die Berufstätigkeit Ihrer Eltern und gegebenenfalls auch Ihrer Geschwister ein. Allzu umfangreiche Ausführungen ermüden den Leser. Aber Sie können davon ausgehen, daß alles, was mit Ihrem gewünschten Beruf zusammenhängt, die Ausbildungsfirma interessiert.

Das Lichtbild ist möglichst in Größe und Art eines Paßbildes zu halten. Amateuraufnahmen und Ausschnitte aus Gruppen- und Familienbildern sind für Bewerbungen nicht geeignet. Ihr Name und Ihre Anschrift auf der Rückseite des Lichtbildes dürfen nicht fehlen.

Immer daran denken:
Ihre Bewerbung ist Ihre Visitenkarte.

Viel Erfolg!

Wir stellen ein: Auszubildende zum Kfz-Mechaniker. Hauptschul-Abgängern bieten wir eine solide Ausbildung in unserem modernen Betrieb. Schriftliche Bewerbungen mit kurzem Lebenslauf, 1 Foto und dem letzten Schulzeugnis erbeten an **Hermann Paul, Kfz-Reparaturen,** Wilsterstr. 17, Berlin 31

Azubis für das Kfz-Handwerk zu besten Bedingungen gesucht. Wir erwarten umgängliche Bewerber mit erfolgreichem Schulabschluß.

Bewerbungsschreiben: Beispiel 1

Peter Fuchs
Brauchstraße 12
8070 Ingolstadt

Ingolstadt, den 2.2.19..

Pkw + Lkw Reparaturen
Stratmann & Co.
Schnellstraße 33-35

8070 Ingolstadt

Sehr geehrter Herr Stratmann,

auf Ihre Anzeige vom 30.1.19.. in der "Ingolstädter Neuen Presse" bewerbe ich mich um die angebotene freie Ausbildungsstelle zum Kfz-Mechaniker.

Ich werde im Juni 19.. die Hauptschule verlassen.

Meine Eltern haben mir vor zwei Jahren einen Go-cart geschenkt, und seitdem habe ich mich praktisch und theoretisch sehr stark mit Fahrzeugen auseinandergesetzt. Dabei habe ich festgestellt, daß mich Motoren und damit verbundene Arbeiten wirklich interessieren.

In der Schule habe ich besonders gute Noten in Physik und Mathematik/Geometrie und nehme seit sechs Monaten an einem Leistungskurs in Werkstoffkunde teil.

Weitere Einzelheiten über mich können Sie meinem Lebenslauf entnehmen. Außerdem erhalten Sie noch Kopie meines letzten Schulzeugnisses, Foto und Kopie einer Teilnahmebescheinigung eines Kfz-Kurses der VHS Ingolstadt.

Ich hoffe, ich darf mich einmal bei Ihnen persönlich vorstellen.

Mit freundlichen Grüßen

Anlagen

Bewerbungsschreiben: Beispiel 2

Klaus Umstandt
Querstraße 20 in Ingolstadt
Telephon: 65.08.72

Ingolstadt,
Sonntag, den 31.1.19..

Sehr geehrter Herr Stratmann und Angestellte!

Als ich Ihre Anzeige in der "Ingolstädter Neuen Presse" von heute las,
habe ich mir gedacht, daß das genau die Ausbildung ist, die ich mir wünsche. Deshalb will ich Ihnen auch gleich schreiben.

Ich bin sicher, daß ich im Juni dieses Jahres die Schule mit dem
Abschluß 10. Klasse der Realschule verlassen werde, da ich bisher immer
ohne große Probleme die Versetzung geschafft habe.

Sicher möchten Sie einen persönlichen Eindruck von mir bekommen. Deshalb
möchte ich mich gern bei Ihnen vorstellen. Alle Unterlagen wie Photo,
Zeugnisse und Lebenslauf bringe ich dann gleich selbst mit.

Ihr

[Unterschrift]

Ü4

1. Wie wirken die Bewerbungen auf Sie persönlich?

2. Welches dieser beiden Bewerbungsschreiben entspricht mehr den folgenden Ratschlägen?

Die Bewerbung sollte enthalten:	In diesem Punkt ist die Bewerbung	
	gut	weniger gut
Ihren vollständigen Absender		
Ihren Wohnort und Datum		
Vollständige Anschrift des Arbeitgebers		
Betreff		
Anrede (Es können Damen und Herren sein!)		
Schulbesuch oder momentane Tätigkeit		
Gekündigte/Ungekündigte Stellung		
Stellenbezogene Interessen		
Bitte um persönliches Gespräch/weitere Informationen		
Grußformel		
Unterschrift		
Hinweis auf Anlagen		

3. Versetzen Sie sich in die Lage von Herrn Stratmann und beurteilen Sie die Bewerbungen anhand der Bewertungspunkte auf S. 29.

→ Baustein 2, Telefonieren · Schriftliche Mitteilungen, S. 57 f.

S1

Schreiben Sie die Bewerbung für Klaus Umstandt in einem einfachen, der Situation angemessenen Stil.

Beachten Sie dabei:	falsch:	richtig:
- keine Über- oder Untertreibungen einsetzen	..... nur höchste Auszeichnung ..... bestand die Prüfung	..... wurde ausgezeichnet ..... bestand die Prüfung mit Auszeichnung
- sachliche Informationen über Ihre Person geben	..... beschäftige mich auch in meiner Freizeit mit meinem Beruf	..... besuche 2mal in der Woche einen Fortbildungslehrgang in .....
- möglichst Hauptsätze, wenig Nebensätze verwenden (Vermeidung von Kommafehlern!)	Die Berufsausbildung, die ich anfing, als ich aus der Schule kam, dauerte nur 1/2 Jahr, dann begann ich	Nach der Schule war ich 1/2 Jahr Lehrling bei ..... Dann begann ich mit der Ausbildung zur/zum .....
- Fremdwörter richtig schreiben (Wörterbuch nachschlagen!)	Ortografie paralell laufen Diskreminierung	Orthographie parallel laufen Diskriminierung
- Bedeutung der Fremdwörter genau kennen (Sicherheit der Anwendung!)	..... ich bevorzuge besonders gern beim Dekorieren Licht- und Schattenaffekte	..... ich dekoriere besonders gern, wenn dabei Licht- und Schatteneffekte .....

Ü5

Beurteilen Sie nun Ihr Bewerbungsschreiben für Klaus Umstandt anhand der Prüfliste aus Ü4 und verbessern Sie es - soweit nötig - nach Form, Inhalt und Stil.

Begleitende Bewerbungsunterlagen

Die Unterlagen, die ein Bewerbungsschreiben unterstützen, bestehen aus

- Lebenslauf
- Lichtbild (neueres, ansprechendes Paßfoto)
- Zeugnis(sen) (Kopien, keine Originale)

und, falls verlangt, aus

- Arbeitsprobe
- Handschriftprobe
- Referenzen = Empfehlungen durch Dritte (Heutzutage sehr ungewöhnlich; nur beifügen, wenn es sich um wirklich qualifizierte, bekannte Persönlichkeiten handelt!)

Im Gegensatz zum Bewerbungsschreiben besteht der Lebenslauf - ob er in ausführlich erzählender oder in tabellarischer Form abgefaßt ist - aus einer möglichst lückenlosen chronologischen Auflistung des bisherigen Lebens- und Ausbildungsweges.

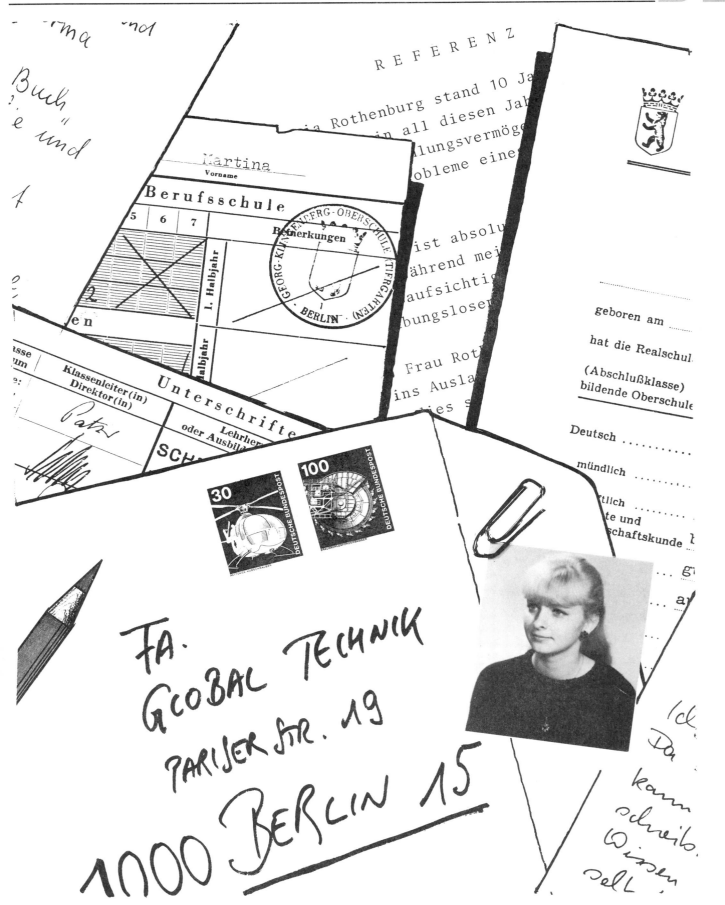

Tabellarischer Lebenslauf: Beispiel 1

3   Lebenslauf

1	Name:	Doris Keller
4	Geburtsdatum,	30. April 1968
	-ort:	Neustadt a.d. Weinstr.
5	Vater:	Hermann Keller
	Mutter:	Karin Keller, geborene Herwig
6	Geschwister:	zwei Brüder
7	Schulbildung:	1974 - 1978 Grundschule in
		Neustadt a.d. Weinstr.;
		seit 1978 Realschule;
		Kurs für Maschinenschreiben
		und Stenografie
8	Lieblingsfächer:	Biologie, Geografie, Deutsch
9	Hobbys:	Lesen, kunsthandwerkliche
		Arbeiten
11	Berufswunsch:	Bürokauffrau

2   Neustadt a.d. Weinstr., 10. Oktober 19..

12   Doris Keller

1 Vor- und Zuname

2 Ort und Datum

3 Inhalt des Schreibens

4 Geburtsort und -datum

5 Name des Vaters
  Name der Mutter

6 Zahl der Geschwister

7 Besuchte Schulen
  Schulabschlüsse
  Besuchte Kurse

8 Lieblingsfächer in der
  Schule

9 Hobbys

10 Bisherige Information
  und Vorbereitung auf
  die Berufswahl

11 Berufswunsch

12 Unterschrift

Sachlich berichtender Lebenslauf: Beispiel 1

1 Doris Keller   2 Neustadt a.d. Weinstraße, 1o. Oktober 19..

3 Lebenslauf

4 Am 30. April 1968 wurde ich in Neustadt a.d. Weinstr. geboren.
5 Mein Vater heißt Hermann Keller, meine Mutter Karin Keller, geborene Herwig.
6 Ich habe noch zwei Brüder. Der jüngere besucht das Gymnasium, der ältere die 12. Klasse der Fachoberschule.

7 Vom September 1974 bis 1978 besuchte ich in Neustadt die Grundschule. Anschließend wechselte ich zur Realschule über.
Ich verlasse 1984 die Realschule mit dem Abschlußzeugnis. Zur Zeit besuche ich Kurse für Maschinenschreiben und Stenografie.
8 Meine Lieblingsfächer sind Biologie, Geografie und Deutsch.
9 In meiner freien Zeit lese ich gern, außerdem liegen mir kunsthandwerkliche Arbeiten.

10 In den letzten Ferien hatte ich Gelegenheit, mich über Aufgaben
11 und Tätigkeiten einer Bürokauffrau zu informieren.
Mir gefallen diese Arbeiten, deshalb möchte ich diesen Beruf erlernen.

12 Doris Keller

Ü6

Vergleichen Sie Beispiel 1 des tabellarischen Lebenslaufs mit Beispiel 1 des sachlich-berichtenden Lebenslaufs.

1. Wie ändert sich die Reihenfolge der Textbausteine?

2. Welche Wörter des sachlich-berichtenden Lebenslaufs sind im tabellarischen Lebenslauf weggefallen und warum?

Tabellarischer Lebenslauf: Beispiel 2

Franz Mang
Leisegangweg 8
8170 Bad Tölz
Tel. (08042) 84 25

Lebenslauf

Persönliche Daten

Geburtstag:	4. Februar 1952
Geburtsort:	Lingen (Ems)
Familienstand:	verheiratet, 2 Kinder

Schulbildung	1958 - 1960	Grundschule in Lingen
	1960 - 1962	Grundschule in Frankfurt am Main
	1962 - 1963	Hauptschule in Frankfurt am Main
	1963 - 1966	Realschule in Stuttgart
	1966 - 1968	Realschule in Bad Tölz
		Abschluß: Mittlere Reife
Berufsausbildung	1968 - 1971	3jährige Ausbildung als Technischer Zeichner bei der Firma Global Technik in Lenggries; Besuch der Berufsschule für Handwerk und Technik in Bad Tölz; Abschluß: Prüfung vor der Handwerkskammer München mit der Note "befriedigend"
Berufstätigkeit	1971 - 1973	bei der Firma Global Technik in der Planungsabteilung
	1973 - 1974	bei der Firma Global Technik als verantwortlicher Abteilungsleiter für den Bereich "Motoren und Antrieb"
	seit 1975	Kundenberater im Außendienst der Bayerischen Maschinen AG
Weiterbildung	1970	Kompaktseminar "Technisches Zeichnen" an der Technischen Universität München
	1973	Besuch der VHS München: Kurse in Psychologie und Rhetorik sowie kaufmännischem Schriftverkehr
	1978	Einzelunterricht Englisch ("Technical English")

Bad Tölz, 28.2.19..

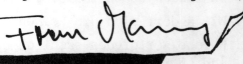

Sachlich berichtender Lebenslauf: Beispiel 2

Franz Mang   Bad Tölz, 28.2.19..

Lebenslauf

Am 4. Februar 1952 wurde ich in Lingen an der Ems geboren und besuchte dort auch von 1958 bis 1960 die Grundschule. Meine Eltern zogen im April 1960 nach Frankfurt am Main, wo ich bis 1962 die Grundschule und von 1962 bis 1963 die Hauptschule besuchte.

Im Frühjahr 1963 wechselte ich auf Empfehlung meines Klassenlehrers an die Realschule in Stuttgart, wohin mein Vater als Bundeswehrsoldat in der Zwischenzeit versetzt worden war. Nach anfänglichen Problemen mit dem Lernstoff besuchte ich die Realschule in Stuttgart bis Ende 1966. Nach der Pensionierung meines Vaters siedelten wir endgültig nach Bad Tölz über, wo ich dann bis 1968 die dortige Realschule absolvierte und diese nach der 10. Klasse mit der Mittleren Reife abschloß.

Danach begann meine Ausbildung als Technischer Zeichner bei der Firma Global Technik in Lenggries mit dem gleichzeitigen Besuch der Berufsschule für Handwerk und Technik in Bad Tölz. Die Ausbildung dauerte von 1968 bis 1971 und schloß mit der Prüfung vor der Handwerkskammer in München. Die Abschlußprüfung bestand ich mit der Gesamtnote "befriedigend".

Wegen eines Sehfehlers wurde ich vom Wehrdienst befreit, so daß ich meinen Beruf ununterbrochen von 1971 bis jetzt ausüben konnte. Nach meiner Abschlußprüfung im Jahre 1971 übernahm mich die Firma Global Technik als Zeichner für ihre Planungsabteilung; im Jahre 1973 wurde ich dann dort verantwortlicher Abteilungsleiter für den Bereich "Motoren und Antrieb". Zum Jahresende 1974 kündigte ich bei Global Technik mein Arbeitsverhältnis, um eine Tätigkeit als Kundenberater im Außendienst bei der Bayerischen Maschinen AG aufzunehmen.

Zusätzlich zu meiner Schul- und Berufsausbildung habe ich mich stets bemüht, durch Abendkurse neues Wissen zu erwerben. So absolvierte ich u.a. im Jahre 1970 ein Kompaktseminar der Universität München für "Technisches Zeichnen" und besuchte im Jahre 1973 in zwei Semestern VHS-Kurse für Psychologie, Rhetorik und kaufmännischen Schriftverkehr. 1978 nahm ich Einzelunterricht in der englischen Sprache, um hier gezielt "Technical English" zu betreiben, da die meisten Fachbücher im Bereich der Technik aus dem englisch-sprachigen Raum kommen und nur in der Originalsprache zur Verfügung stehen.

Seit 1975 bin ich verheiratet und habe zwei Töchter, die 1977 und 1979 geboren wurden. Da meine Frau nach langjähriger Arbeitspause nunmehr wieder in ihren Beruf zurückkehren möchte, bewerbe ich mich bei Ihnen um die angebotene Halbtagsstellung als Sachbearbeiter für den Bereich der Produktabnahme.

Franz Mang

Ü7

Worin unterscheiden sich die Lebensläufe von Franz Mang und Doris Maria Keller?
Welche Vorteile bietet Ihrer Meinung nach der tabellarische gegenüber dem sachlich-berichtenden Lebenslauf? Diskutieren Sie!

Unterschiede	
Doris Maria Keller	Franz Mang

Ü8

Schreiben Sie folgenden Lebenslauf um in eine

a) sachlich-berichtende Form
b) tabellarische Form

Peter Panter (2. Verarbeitung). Geboren am 8. Mai 1891 als ältester Sohn des Oberregierungsrats Panter sowie seiner Ehefrau Gertrud, geborene Hauser. Das frühgeweckte Kind hört schon als Knabe auf dem linken Ohr so schwer, daß es für eine Justizkarriere geradezu prädestiniert erscheint. Tritt in das Korps ein, in dem ein gewisser Niedner alter Herr ist –

Der liebe Gott behakenkreuzigte sich. Ich las weiter: – und bringt es bald zu dem verlangten korrekt-flapsigen Benehmen, das in diesen Kreisen üblich ist. 1918: Kriegsassessor, gerade zu Kaisers Geburtstag. Schwört demselben ewige Treue. 1919: Hilfsbeamter im Staatskommissariat für öffentliche Ordnung; der Staatskommissar Weismann sitzt, aus altpreußischer Schlichtheit, in keinem Fauteuil, sondern auf einer Bank und hält dieselbe Tag und Nacht. Landgerichtsrat Panter leistet der Republik die größten Dienste sowie auch ihrem Präsidenten.

Schwört demselben ewige Treue. Beteiligt sich 1920 am Kapp-Putsch, berät Kapp in juristischen Fragen und schwört demselben ewige Treue. Durch das häufige Schwören wird man auf den befähigten Juristen aufmerksam und will ihn als obersten Justitiar in die Reichswehr versetzen. Inzwischen wird Rathenau ermordet, weshalb die Republik einen Staatsgerichtshof über sich verhängt, wo ohne Ansehen der Sache verhandelt wird. Dortselbsthin als Richter versetzt, verstaucht er sich im Jahre 1924 beim Unterschreiben von Zuchthausurteilen gegen Kommunisten den Arm. Eine Beerdigung entfällt, da ein deutscher Richter unabsetzbar ist und auch nach seinem Tode noch sehr wohl den Pflichten seines Amtes nachkommen kann.

Auszug aus „Drei Biographien – Peter Panter"
von Kurt Tucholsky

S2

Bewerbungsbogen

Bewerbung als

Bitte deutlich schreiben, Ihre
Angaben werden streng
vertraulich behandelt!

bitte diesen Raum nicht
beschreiben!

Name:

Vorname:

Wohnort:

Straße:

Untermiete bei:

geboren am:

Geburtsort:

telefonisch zu erreichen unter Nr.:

Staatsangehörigkeit:

Religion:

Familienstand:

verheiratet seit:

Mitglied welcher Gewerkschaft:

Name des Ehegatten:

Vermerke der Firma:

Eintritt am:

als:

Vorgesetzter:

Eintrittsgehalt: .... bei .... std. Arbeitszeit

Eintrittslohn: .... wöchentlich/monatlich

Probezeit:

Beurteilung nach Probezeit:

Ausgeschieden am / Grund

Schreiben Sie für sich selbst je einen Lebenslauf in erzählender und tabellarischer Form. Kontrollieren Sie anschließend, ob Folgendes von Ihnen berücksichtigt wurde:

- Angabe der persönlichen Daten?

- Schulausbildung mit Schulabschluß bzw. -abschlüssen?

- Beruflicher Ausbildungsweg?

- Berufstätigkeiten?

- Besondere Erfahrungen, Interessen, Kenntnisse, Fähigkeiten (wie z.B. Fremd-sprachen, außerbetriebliche Fortbildung, Führerscheine, Auslandsaufenthalte)?

- Datum und Unterschrift?

- Stimmen die im Lebenslauf gemachten Angaben (Namen und Daten) mit denen in den Zeugnissen überein, folgen sie zeitlich (chronologisch) aufeinander?

- Sind längere Zeiten der Berufslosigkeit (z.B. bei Krankheit, Arbeitslosig-keit, Umschulung, Aufenthalt im Ausland, Bundeswehr o.ä.) angegeben?

Viele Firmen benutzen umfangreiche Bewerbungsbogen und zum Teil Tests; darauf finden Sie häufig Fragen wie die folgenden:

S.67 ff.

"Gehören Sie einer Gewerkschaft an?"
"Nehmen Sie die Anti-Babypille?"
"Sind Sie homosexuell?"
"Sind Sie vorbestraft?"

Es ist wichtig zu wissen, daß man solche unzulässigen Fragen grundsätzlich nicht wahrheitsgemäß beantworten muß; arbeitsvertragliche Nachteile können dadurch nicht entstehen.

3 Vorstellungsgespräch

Frau Senkbiel ist Personalchefin bei einer Vertriebsgesellschaft für Bade- und Kosmetikartikel und hat für heute, 11.00 Uhr, mit Herrn Reuß, der sich auf eine Annonce "Vertreter im Außendienst gesucht" beworben hat, einen Vorstellungstermin vereinbart.
Um 11.15 Uhr tritt Herr Reuß (begleitet von der Sekretärin) in das Besprechungszimmer.

Herr Reuß:	"Guten Tag. Tut mir leid, daß ich mich verspätet habe, aber ich mußte schnell noch auf dem Weg hierher tanken."
Frau Senkbiel:	"Guten Tag, nehmen Sie doch bitte Platz. Hoffentlich haben Sie nicht häufiger Probleme mit Ihrem Auto?"
Herr Reuß:	"Nein, das nicht gerade. Der Tankanzeiger ist nur kaputt - und eigentlich wollte ich ihn schon vor Wochen reparieren lassen. Aber vor lauter Arbeit kommt man ja kaum noch zum Notwendigsten."
Frau Senkbiel:	"Oh, Sie sind ja anscheinend stark in Anspruch genommen. Was sagt denn die Familie zu einem so beschäftigten Oberhaupt?"
Herr Reuß:	"Naja, sicher, sicher gibt es schon hier und da mal Ärger mit meiner Frau; die Kinder sehe ich eigentlich kaum noch. Höchstens mal am Sonntag zum Frühstück ..."
Frau Senkbiel:	"Tja, wenn man in seinem Beruf etwas leisten und werden will, muß man sich schon strecken. - Sagen Sie, warum haben Sie sich gerade auf unsere Anzeige beworben?"

Herr Reuß:	"Wissen Sie, an meinem jetzigen Arbeitsplatz habe ich keine echten Ausweitungsmöglichkeiten mehr. Und der Ton dort zwischen den Kollegen sagt mir nicht zu; alles so junge Dinger, wissen Sie. Die reden nur von Discos, weiten Reisen - nein, das liegt mir gar nicht."
Frau Senkbiel:	"So, aber Sie haben doch sicher genauere Vorstellungen, wie Sie sich die Arbeit bei uns denken und was Sie so verdienen wollen?"
Herr Reuß:	"Selbstverständlich. Ich verdiene jetzt 2.800 Mark im Monat und habe an ein Anfangsgehalt von 3.000 bei Ihnen gedacht. Man will sich ja schließlich verbessern bei einem Stellenwechsel. Außerdem denke ich, daß ich bei Ihrer Firma bessere Aufstiegschancen habe ..."
Frau Senkbiel:	"Dazu gehört allerdings, daß unsere Mitarbeiter sich auf dem Wege außerbetrieblicher Weiterbildung und durch zusätzliche Lehrgänge die nötigen Voraussetzungen und Kenntnisse für derartige Aufstiegsmöglichkeiten verschaffen. Tüchtige Mitarbeiter berücksichtigen wir natürlich immer gern. - Gut, ich habe keine weiteren Fragen mehr. Sie werden von uns benachrichtigt, sobald unsere Entscheidung gefallen ist. Vielen Dank für Ihr Kommen."
Herr Reuß:	"Ich habe zu danken. Auf Wiedersehen."

Ü1

Das Vorstellungsgespräch dient dazu, daß beide Seiten (Arbeitgeber und Arbeitnehmer) soviel wie möglich vom anderen erfahren, d. h. sich informieren.
Wer hat in dem Gespräch zwischen Frau Senkbiel und Herrn Reuß diese Aufgabe besser gelöst? Begründen Sie Ihre Entscheidung und erstellen Sie eine Stichpunktliste über die Informationen, die die Gesprächspartner über einander herausgefunden haben.

Ü2

Durch welche Ausdrücke werden Über-/Unterlegenheit im Gespräch deutlich?
Welche taktischen und sprachlichen Fehler macht Herr Reuß bei der Gesprächsführung?

Ü3

Aufgrund der Ergebnisse von Ü1 und Ü2 können Sie Herrn Reuß behilflich sein, sein Vorstellungsgespräch für sich vorteilhafter zu gestalten.
Schreiben Sie die Antworten von Herrn Reuß um, so daß er im Gespräch mit Frau Senkbiel besser abschneidet.

Lesen Sie nun das Vorstellungsgespräch zwischen Herrn Ennauer, Inhaber einer Firma für Software-Produkte, und Frau Gläsker, Programmiererin.

"Guten Tag; fein, daß Sie trotz des langen Weges bei diesem schlechten Wetter gekommen sind. Hoffentlich war die Fahrt nicht zu anstrengend?"

Herr Ennauer

"Nein, gar nicht. Ich habe einfach die 3 Stunden Bahnfahrt zum Lesen benutzt. Da hat der Regen nicht weiter gestört."

Frau Gläsker

Herr Ennauer: "Oh, und bevor ich es vergesse: die Fahrtkosten werden Ihnen von der Kasse nachher noch erstattet. Ich habe eine entsprechende Anweisung bereits erteilt. -
Übrigens, Ihr Lebenslauf hat mich doch einigermaßen neugierig auf Sie gemacht. Gerade Ihre langjährige Tätigkeit im Bereich der EDV-Sprachen hat mich eigentlich in erster Linie dazu bewogen, Sie zu einem Vorstellungsgespräch zu bitten."

Frau Gläsker: "Nun, diese Zeit war für mich eine wirklich interessante Phase in meinem bisherigen Berufsleben. Und - offen gesagt - ich hoffe, daß in Ihrer Firma ein ähnlicher Aufgabenbereich ....."

Herr Ennauer: "Sehr richtig. Ich beabsichtige, eine neue Abteilung bei uns im Hause zu gründen, die sich damit befassen wird, einen Computer so zu programmieren, daß er - unabhängig von der dabei verwendeten und einge gebenen Programmiersprache - mit allen Daten arbeiten kann. Das wür- de bedeuten, daß sich die Export- und Verkaufschancen für unsere Firma beträchtlich verbessern ließen. Darf ich Ihnen vielleicht zu- nächst einmal Ihren möglichen neuen Arbeitsplatz und einige meiner Mitarbeiter vorstellen?"

Frau Gläsker: "Gern, darauf bin ich sehr gespannt. Aber vielleicht sollten wir vorher noch darüber sprechen, welche Arbeitsbedingungen bei Ihnen üblich sind."

Herr Ennauer: "Nun, während der 6monatigen Probezeit beträgt das Gehalt bei einer normalen 8stündigen Arbeitszeit - übrigens können Sie diese zwischen 7.30 und 17.00 Uhr selbst bestimmen - ungefähr 2.800 Mark brutto."

Frau Gläsker: "Meine Vorstellung wären 3.000 Mark als Untergrenze ....."

Herr Ennauer: "Überstunden können wahlweise bezahlt oder als Urlaubstage genommen werden. Nach der Probezeit hatten wir an ein Bruttogehalt von 3.000 Mark gedacht. Ein 13. Gehalt als Weihnachtsgeld und ein weiteres Monatsgehalt als Urlaubsgeld werden bei uns an alle Arbeitnehmer gezahlt. Andere Sozialleistungen richten sich nach der Dauer der Betriebszugehörigkeit. Zuschüsse zu Fahrtkosten und Essen in unserer Kantine können von Anfang an von jedem beantragt werden."

Frau Gläsker: "Oh, das hört sich schon eher diskutabel an. Wie sieht es bei Ihnen mit der betrieblichen Weiterbildung aus, und welche Aufstiegsmöglichkeiten habe ich bei einer Arbeitsaufnahme hier? Wer wäre übrigens mein direkter Vorgesetzter?

Herr Ennauer: "Wir führen zweimal jährlich Wochenendseminare für unsere Mitarbeiter durch. Die Aufstiegsmöglichkeiten richten sich bei uns nach der Qualität der geleisteten Arbeit und dem Sozialverhalten unserer Arbeitnehmer. Ihr direkter Vorgesetzter wäre Herr Quittich, der nun schon 10 Jahre bei uns als EDV-Organisator arbeitet und ein wirklich fähiger System-Analytiker ist. Herr Quittich wird uns übrigens auf dem Rundgang durch den Betrieb begleiten. - Wenn Sie jetzt keine weiteren Fragen mehr haben, schlage ich vor, daß wir uns auf den Weg machen, bevor alle zum Mittagessen in die Kantine gehen."

Frau Gläsker: "Fein, dabei können wir das eine oder andere sicher noch besprechen, wenn sich für mich weitere Fragen ergeben sollten."

Ü4

S. 70

Frau Gläsker hat in diesem Vorstellungsgespräch durch gezieltes Fragen wichtige Informationen bekommen.

Prüfen Sie anhand der nachstehenden Liste, welche Fragen davon für Frau Gläsker wichtig waren:

- Aufgaben-/Arbeitsgebiet und Stellenbeschreibung (wem über- bzw. untergeordnet)
- Sozialleistungen in der Firma
- Zukunftschancen in der Firma
- Möglichkeiten der beruflichen Fortbildung und Entwicklung innerhalb der Firma
- Probezeit
- Lohn- und Gehaltsfragen
- Umzugskosten
- Hilfe bei der Suche nach einer neuen Wohnung
- Arbeits- und Urlaubszeiten
- Sicherheit des Arbeitsplatzes
- Arbeitsplatz und -kollegen
- Arbeitsstil in der Firma (Team, hierarchisch, individualistisch)

Welche Gesprächspunkte sind von Ihnen selbst bisher in Vorstellungsgesprächen berücksichtigt worden - welche davon sind neu für Sie?

S1

In einem Vorstellungsgespräch versucht der künftige Arbeitgeber, den Bewerber kennenzulernen, und wird wahrscheinlich Fragen stellen nach:

- Ausbildung (Schule, Lehre, Universität, Fachschule u.ä.)
- Persönliche Angaben (Kindheit, jetzige Familiensituation, gesellschaftliche Zugehörigkeit)
- Gesundheit (Krankheiten, Schädigungen der inneren Organe, Sportler, Raucher)
- Bisherige Berufslaufbahn und berufliche/private Interessen
- Militär- und/oder Ersatzdienstzeiten; sonstige Ausfallzeiten
- Wünsche bezüglich Entlohnung/Urlaub/Sozialleistungen
- Einstellung zu Vorgesetzten und Kollegen sowie bisheriger Arbeitsstil

Versuchen Sie, für sich taktisch günstige Antworten vorzubereiten; halten Sie auch akzeptable Erklärungen für weniger positiv verlaufene Lebens- und Berufszeiten parat, und überlegen Sie, wieweit Sie bereit sind, Erklärungen über Scheidung, längere Krankheiten, Kündigung durch früheren Arbeitgeber, Vorstrafen u. a. zu geben.

Ü5

Spielen Sie zu einer dieser 3 Anzeigen das Vorstellungsgespräch. Berücksichtigen Sie dabei die Listen aus Ü4 und S1. Suchen Sie sich einen Partner dazu.

① **Bauleiter**

von Baufirma für den Bereich Wohnungsbau gesucht. Voraussetzung: Berufserfahrung im schlüsselfertigen Bauen unter Verwendung von massiven Fertigteilen; ausschreibungs- und abrechnungssicher; konsequenter Terminverfolger.
Interessenten bitten wir, sich schriftlich zu bewerben mit den üblichen Unterlagen bzw. Referenzen und Angabe klarer, realistischer Einkommenswünsche.
PG 212 Der Tagesspiegel, Postfach, 1000 Berlin 30.

②

Kliniken im Theodor-Wenzel-Werk
Innere Abteilung, Hohenzollernstraße 15–19, 1000 Berlin 39
Auf einer Station unserer Abteilung für Chronischkranke ist zum
1.3.1983 oder später die Stelle einer

Stationsschwester bzw.
Stationspflegers

zu besetzen.
Die Bewerber sollten die Fähigkeit besitzen, den auf der Station tätigen Mitarbeitern Impulse zu geben und ihre Selbständigkeit zu erhalten und zu fördern. Außerdem erhoffen wir uns Verständnis für die besondere Situation der chronischkranken Patienten, für die das Krankenhaus auch Wohnung und Lebensraum bedeutet.
Die Vergütung richtet sich nach AVR/BAT, übliche soziale Leistungen. Schriftliche Bewerbungen sind zu richten an
Oberschwester H. Herkle

③

Sie:
eine an der Qualitätskontrolle von Arzneimitteln interessierte

Chemie-Laborantin

Es erwarten Sie zeitgerechte Arbeitsbedingungen, Gleitzeit, Weihnachts- und Urlaubsgeld, vermögenswirksame Zulage, Mittagstisch und gutes Betriebsklima.

Wir:

Hersteller bekannter Arzneimittel, z. B. Eu-Med, altemgesessenes Berliner Unternehmen mit modernen Labors.
Wir erwarten Ihre schriftliche Bewerbung.

Med. Fabrik GmbH & Co., Postfach 44 01 55,
Neuköllnische Allee 146/148, 1000 Berlin 44 (Neukölln), ☎ 68 49 00 7

Ü6

Herr Pfiffig hat für Dienstag, 10.00 Uhr, einen Vorstellungstermin mit Herrn Wahl, Personalchef der Firma Carlsson Kekswaren GmbH, vereinbart. Seine Vorbereitung darauf läuft nach folgendem Fahrplan:

VORBEREITUNG
1) Bisherige Korrespondenz mit Fa. Carlsson herauslegen
2) Papier und Schreibzeug mitnehmen
3) Abfahrt Bus 9¹⁵ – Ankunft 9⁴⁵
4) 9⁵⁵ Anmeldung im Vorzimmer, Nr. 304 / III. Stock, Fr. Häring
. . .

VORSTELLUNGSGESPRÄCH
– Dank für Einladung
– Alkohol und Zigaretten ablehnen
– . . . .

Was würden Sie von den Ratschlägen der Familie Pfiffig noch auf Ihren Stichwort-zettel schreiben?

S2

Die äußere Erscheinung ist besonders ausschlaggebend für den ersten Eindruck, den Sie auf einen neuen Arbeitgeber machen.
Gerade bei gleichen Qualifikationen mehrerer Bewerber kann sie entscheidend sein für Annahme oder Ablehnung eines Bewerbers.
Testen Sie nun einmal selbst, wie Sie auf Herrn Pfiffig in dieser oder jener Aufmachung reagieren würden:

①   ②   ③

Wen würden Sie einstellen, wenn Sie Personalchef wären?
Wer käme für Sie nur bedingt in Frage?
Wer hätte gar keine Chance bei Ihnen?

Wie würden Sie als Privatmensch entscheiden?

Begründen Sie Ihre jeweiligen Entscheidungen.

Einstellung und mündlicher Arbeitsvertrag

Herr Hinterholzer, Personalchef der Firma Glantz & Co. KG, und Herr Ohnsorg, der sich um die freie Stelle als Lagerhalter beworben hat, haben sich soeben geeinigt und mündlich folgenden Arbeitsvertrag geschlossen:

1. *Herr Ohnsorg beginnt am 1. Oktober seine Tätigkeit auf Probe.*

2. *Die Arbeitszeit beträgt 40 Stunden pro Woche; bei der Firma ist Gleitzeit üblich.*

3. *Herr Ohnsorg bezieht ein Entgelt von zunächst 2.400,-- DM; über weitere soziale Leistungen wurde nichts vereinbart.*

4. *Herr Ohnsorg arbeitet weitgehend in eigener Verantwortung und hat einen eigenen Arbeitsraum.*

5. *Zuschüsse zu Fahrtkosten und Essensgeld werden nach Absprache gewährt.*

6. *Andere Arbeiten werden von Herrn Ohnsorg verlangt, sobald betriebsbedingte Interessen dies erfordern.*

7. *Anspruch auf Urlaub und Bildungsurlaub wird jeweils zwischen Arbeitnehmer und Arbeitgeber neu ausgehandelt.*

Und so sieht die tatsächliche Arbeitswirklichkeit von Herrn Ohnsorg aus - ca. 2 Monate nach Arbeitsaufnahme bei der Firma Glantz & Co. KG:

Ü1

Stellen Sie fest, welche Vereinbarungsteile eingehalten wurden, und diskutieren Sie mit den anderen Kursteilnehmern über die Vor- und Nachteile von mündlichen Arbeitsverträgen für Arbeitgeber und Arbeitnehmer.

2 Arbeitsvertrag in Form eines Briefes

Sehr geehrte Frau Zernikow,

wir bestätigen hiermit die bei Ihrer persönlichen Vorstellung besprochenen Vereinbarungen wie folgt:

1. Eintritt: 1. November als Stenokontoristin - die Arbeitsaufgaben werden Ihnen später mitgeteilt.

2. Kündigungsfrist jeweils 14 Tage zum Monatsende.

3. Das Anfangsgehalt beläuft sich auf monatlich 2.700,-- DM brutto.

4. Die wöchentliche Arbeitszeit wird gemäß unserer Betriebsordnung bzw. entsprechend jeweils ergehenden Rundschreiben - z. Z. von Montag bis Freitag von 8.00 bis 17.00 Uhr einschließlich 1/2 Stunde Mittag - abgeleistet.

5. Urlaub wird gemäß der beiliegenden Urlaubsregelung für die Angestellten der Firma gewährt; diese sieht 18 Tage im Jahr vor.

Wir hoffen, daß Sie die in Sie gesetzten Erwartungen erfüllen, die Ihnen später noch anzuvertrauenden Arbeiten gut erledigen, interne Angelegenheiten streng vertraulich behandeln und sich durch Fleiß und viel Geschäftsinteresse eine gute Stellung bei uns schaffen werden.

Mit freundlichen Grüßen

W U R S T E R K G

PS: Eine Kopie dieses Anstellungsschreibens bitten wir, uns gegengezeichnet innerhalb von 5 Tagen zurückzusenden.

Ü2

Lesen Sie diesen umständlich formulierten Bestätigungsbrief sorgfältig durch und prüfen Sie, ob Ihrer Meinung nach Frau Zernikow bedenkenlos dieses Anstellungsschreiben akzeptieren sollte. Sprechen Sie mit den anderen Kursteilnehmern über die einzelnen Vertragspunkte (z. B. Ausführung der Arbeitsaufgaben, Kündigungsfrist, Urlaubsanspruch).
Wer hat bessere Vertragsbedingungen ausgehandelt - Herr Ohnsorg oder Frau Zernikow?

Ü3

Tragen Sie gemeinsam Erfahrungen/Wissen über Arbeitsverträge zusammen –
sammeln Sie die Punkte an der Tafel unter Verwendung der folgenden Frageliste:

1. Sind mündliche Arbeitsverträge überhaupt rechtskräftig?

2. Benötigt ein Arbeitsvertrag eine fest vorgeschriebene Form?

3. Setzen Arbeitsverträge geltendes Gesetz außer Kraft?

4. Gibt es Ihrer Meinung nach ein Gesetz, das alle arbeitsrechtlichen Fragen regelt?

5. Welche Gesetze kennen Sie, die ein Dienst-/Arbeitsverhältnis regeln?

6. Kennen Sie den Unterschied zwischen einem Dienstvertrag und einem Arbeitsvertrag?

7. Wissen Sie, ob Probezeiten gesetzlich geregelt sind, und wenn ja, für wen diese
   gesetzliche Regelung ausschließlich gilt?

8. Wissen Sie, wer Ihnen bei Fragen zu Arbeitsverträgen helfen kann/wo Sie Auskünfte
   einholen können/wo Sie nachschlagen sollten?

Schlagen Sie im Anhang S. 71 ff. nach, und vergleichen Sie die gefundenen Antworten
mit den zur Zeit geltenden gesetzlichen Vorschriften.

S1

Vergleichen Sie Arbeitsverträge aus C1 und C2 und sonstige Arbeitsverträge, die Sie
bisher schon kennen, mit den aufgeführten Punkten, die ein Arbeitsvertrag enthalten
sollte!

- Genaue Kennzeichnung der Vertragspartner
- Beginn des Arbeitsverhältnisses
- Dauer der Probezeit
- Kündigungsfristen während und nach der Probezeit
- Art der Tätigkeit, der Aufgabe, gegebenenfalls Dienstbezeichnung und Vollmachten
  oder tarifliche Einstufung
- Arbeitszeit und Pausen
- Arbeitsentgelt (Grundgehalt)
- Sonstige Bezüge
- Zuschläge für Überstunden, Nachtarbeit, Sonn- und Feiertagsarbeit
- Bezahlte Dienstbefreiung bei außergewöhnlichen Anlässen
- Unbezahlte Dienstbefreiung
- Urlaub
- Sozialleistungen
- Vorschriften über Sicherheit und Ordnung im Betrieb
- Wettbewerbsverbote
- Nebentätigkeiten
- Ruhegeld
- Dienstreisen
- Diensterfindungen
- Ausschluß- und Einspruchsfristen
- Schlußbestimmungen

Die Reihenfolge dieser Punkte ist nicht entscheidend.
Erfassen Sie auf einer Checkliste die jeweils fehlenden Angaben, um für spätere
Anstellungsschreiben eine Kontrollmöglichkeit zu haben.

Ü4

Schreiben Sie für Herrn Ohnsorg nunmehr einen Anstellungsvertrag aufgrund der mündlich getroffenen Vereinbarungen - berücksichtigen Sie dabei alles, was Ihnen persönlich noch wichtig erscheint. Vergleichen Sie Ihr Schreiben mit dem im Anhang auf S. 76 abgedruckten Anstellungsschreiben für Arbeiter. Notieren Sie die Differenzen, formulieren Sie gegebenenfalls neu.

Glantz & Co. KG   Kassel, den
Blankenburgallee 169
3500 Kassel 1

ppa.
Ludwig Hinterholzer

Informieren Sie sich im Anhang S. 73 ff. über Anstellungsschreiben und ausführlichen Arbeitsvertrag für Angestellte.

Berufsausbildungsvertrag

Für die berufliche Bildung gelten insbesondere das Berufsbildungsgesetz (BBiG) vom 14.8.1969 und das Berufsbildungsförderungsgesetz vom 23.12.1981 und das Jugendarbeitsschutzgesetz vom 12. April 1976 ("Gesetz zum Schutze der arbeitenden Jugend"). § 3 BBiG bestimmt, daß vor Beginn einer Berufsausbildung zwischen dem Auszubildenden und dem Ausbildenden ein Berufsausbildungsvertrag geschlossen wird. Gemäß § 4 BBiG müssen mindestens folgende Angaben enthalten sein:

S.77 f.

- Art, sachliche und zeitliche Gliederung der Berufsausbildung; insbesondere die Berufstätigkeit, für die ausgebildet wird
- Beginn und Dauer der Berufsausbildung
- Ausbildungsmaßnahmen außerhalb der Ausbildungsstätte
- Dauer der regelmäßigen Ausbildungszeit
- Dauer der Probezeit
- Zahlung und Höhe der Vergütung
- Dauer des Urlaubs
- Voraussetzungen, unter denen der Berufsausbildungsvertrag gekündigt werden kann.

Zwischen der Firma   "LOCKEN und WELLEN"
                       Spaltstraße 2 in Buxtehude

und der Minderjährigen Katrin Quent,
                       vertreten durch ihren Vater Max Quent

wird folgender Lehrvertrag geschlossen:

Die Lehre dauert 3 Jahre und beginnt am 1. September 19.. mit einer Probezeit von 6 Monaten. Während der Probezeit kann ohne Angabe von Gründen das Lehrverhältnis fristlos jederzeit gekündigt werden.

Die Ausbildung zur Friseuse erfolgt im oben genannten Frisiersalon mit dem Ziel, Fräulein Quent mit allen vorkommenden Arbeiten des Berufes vertraut zu machen, damit sie sich die erforderlichen Kenntnisse und Fähigkeiten aneignen kann, um eine tüchtige Fachkraft zu werden.

Während der Lehrzeit ist eine anerkannte Fachschule oder Pflichtberufsschule zu besuchen.

Wichtige Punkte der Lehrausbildung sind:

- Kenntnisse der Haar-, Haut- und Nagelbehandlung
- Anfertigen von Haarteilen und deren Reinigung und Pflege
- Umgang mit im Friseurhandwerk gebräuchlichen Geräten und Maschinen
- Kosmetische Pflege der Haut und dekorative Kosmetik
- Reinigung des Haares und der Kopfhaut
- Rasieren und Bartformen

Der Lehrling verpflichtet sich, dem Lehrherrn und/oder Vorgesetzten zu gehorchen und alle Arbeiten gewissenhaft und ehrlich auszuführen und sich innerhalb und außerhalb des Betriebes gesittet aufzuführen.

Während der Lehrzeit erhält Fräulein Quent eine Vergütung von monatlich
DM 300,-- brutto im ersten Lehrjahr,
DM 340,-- brutto im zweiten Lehrjahr,
DM 400,-- brutto im dritten Lehrjahr.

Die tägliche Arbeitszeit beträgt 8 Stunden mit einer halben Stunde Frühstück und einer halben Stunde Mittagessen.

Urlaubsansprüche werden jeweils bis zum 10. Januar eines Jahres für das laufende Jahr einverständlich zwischen dem Lehrherrn und dem Lehrling vereinbart.

Weitere Vereinbarungen:

- Betriebsordnung und Unfallvorschriften sind zu beachten und einzuhalten.
- Mit Werkstoffen und Geräten des Betriebes ist pfleglich und sorgsam umzugehen.
- Entgeltliche Nebenbeschäftigungen dürfen ohne Genehmigung des Lehrherrn nicht ausgeübt werden.

Buxtehude, den 2. Mai 19..

Für den Lehrherrn: Für den Lehrling:

....

                                  Lehrling: (gesetzlicher Vertreter)

                                  ....

Ü1

Notieren Sie alle fehlenden Mindestangaben, die das Berufsbildungsgesetz vorschreibt, und vergleichen Sie diesen Ausbildungsvertrag mit dem im Anhang (S. 77 ff.) abgedruckten Muster für einen Ausbildungsvertrag, der vom "Bundesausschuß für Berufsbildung" herausgegeben und empfohlen wird.

S1

Sammeln Sie aus diesem Ausbildungsvertrag alle Wörter und Ausdrücke, die Ihnen besonders altmodisch und unverständlich vorkommen. Formulieren Sie dieses unpersönliche Büro-Deutsch so um, daß der Text leichter verständlich und in den wichtigen Vertragsvereinbarungen klar wird.

Kündigung durch Arbeitnehmer

Kündigung meines Arbeitsvertrages vom 25. Januar 19..

Sehr geehrte Damen und Herren,

aufgrund meiner persönlichen Situation ist es mir leider nicht möglich, länger als Bürogehilfin bei Ihnen tätig zu sein. Ich kündige daher unser Arbeitsverhältnis fristgemäß zum 30. Juni 1983 und teile mit, daß ich meinen restlichen Jahresurlaub am 20. Juni 1983 antreten werde.

Bitte halten Sie daher meine Arbeitsunterlagen ab 19. Juni 1983 zur Abholung bereit.

Mit freundlichem Gruß

Hedda Riemerschmidt

→ Baustein 2, Telefonieren · Schriftliche Mitteilungen, S. 63 ff.

Ü1

Frau Riemerschmidt schreibt, daß sie aus persönlichen Gründen kündigt. Muß sie berufsbedingte/arbeitsbedingte Gründe bei einer Kündigung angeben? Wissen Sie, ob der Arbeitgeber sich gegen eine Kündigung eines Arbeitnehmers wehren kann? Diskutieren Sie in der Klasse und kontrollieren Sie die Antworten auf ihre Richtigkeit im Anhang, S. 80.

Ü2

Was gehört Ihrer Meinung nach zu "Arbeitsunterlagen"? Nennen Sie die wichtigsten.

S1

Herr Hornig ist seit fast 15 Jahren bei der Firma Webtechnik OHG als Webstuhlvorarbeiter beschäftigt. Da er neuerdings gesundheitliche Probleme hat, will er sich - das Arbeitsamt hat bereits die Umschulung bewilligt - zum Textiltechniker umschulen lassen. Da er weiß, daß sein jetziger Arbeitgeber ihn wegen seiner langjährigen Betriebszugehörigkeit und der damit zusammenhängenden Kenntnisse ungern gehen lassen wird, versucht er, sein Kündigungsschreiben so zu formulieren, daß es dem Arbeitgeber als ein freundliches Entgegenkommen erscheinen muß, wenn Herr Hornig nun von sich aus kündigt.

Wie würden Sie ein derartiges Kündigungsschreiben formulieren?

→ Baustein 2, Telefonieren · Schriftliche Mitteilungen,
   S. 63 ff.

S2

Hubert Deftig hat nach recht kurzer Betriebszugehörigkeit keine Lust mehr, tagtäglich mit seinem Vorgesetzten, Herrn Kümmel, zusammenzuarbeiten. Da er aber nicht mehr in den Betrieb gehen will, schreibt er folgenden Kündigungsbrief:

Sehr geehrter Herr Kümmel,

ich habe es satt, jeden Tag mit Ihnen in Streit zu geraten. Außerdem haben wir so unterschiedliche Ansichten, daß ich mich entschieden habe, diesen Zustand für uns beide nunmehr zu beenden. Hiermit teile ich mit, daß ich ab sofort nicht mehr zur Arbeit erscheinen werde.

Bitte schicken Sie mir meinen Restlohn, die Arbeitspapiere und ein qualifiziertes Zeugnis per Einschreiben zu.

Ü3

Abgesehen von der Form und dem Ton dieses Schreibens - glauben Sie, daß Herr Deftig überlegt gehandelt hat?
Mit welchen Maßnahmen der Firma muß er Ihrer Meinung nach rechnen?

Zeugnis

In seinem Kündigungsschreiben bittet Herr Deftig um ein "qualifiziertes" Zeugnis.
Er erhält folgendes Zeugnis ausgestellt:

ZEUGNIS

Herr Hubert Deftig, geboren am 29. Januar 1945 in Bargte-
heide, war vom 1. April 1983 bis zum 12. Oktober 1983 bei
uns als Stapelfahrer tätig. Herr Deftig kündigte das Arbeitsverhältnis selbst - die monatliche Kündigungsfrist
wurde von ihm nicht eingehalten. Aufgrund seines außer-
ordentlich rüden Verhaltens gegenüber Vorgesetzten und
Arbeitskollegen nahmen wir die Kündigung an.

Hannover, den   ppa. *A Kümmel*   i. V. *Markus Berg*
                       (Andreas Kümmel) (Markus Berg)

Ü1

Ist das ein "qualifiziertes" Zeugnis?
Wie unterscheidet sich ein "qualifiziertes" Zeugnis von einem "einfachen" Zeugnis?

S. 84

Ü2

Die Rechtsprechung hat den Grundsatz erarbeitet, daß ein Zeugnis wahr und vollständig sein muß. Trifft das Ihrer Meinung nach in diesem Falle zu?
Darf der Arbeitgeber Nachteiliges im Zeugnis über einen Arbeitnehmer sagen?

S. 85

Ü3

Wissen Sie, daß es eine mehr oder weniger
feste Zeugnissprache gibt, deren Bedeu-
tung dem Arbeitnehmer nicht ohne weiteres
klar ist, aber in der Regel dem zukünftigen Arbeitgeber?

Was verbirgt sich Ihrer Meinung nach hinter den folgenden Formulierungen?

Er/sie hat die ihm/ihr übertragenen Arbeiten zu unserer vollen Zufriedenheit erledigt.

Er ist ein zuverlässiger Mitarbeiter.

Sie zeigte für ihre Arbeit Verständnis.

Er hat unseren Erwartungen in jeder Hinsicht entsprochen.

Wir haben uns in gegenseitigem Einver-
nehmen getrennt.

S. 86 ff.

S1

Lesen Sie dieses Arbeitszeugnis genau und kritisch durch:

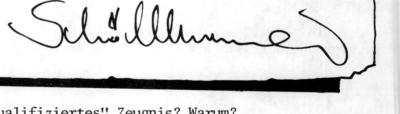

> ZEUGNIS
>
> Frau Yvonne Pappel, geboren am 21. April 1951 in Münster, war vom 1. Mai
> 1981 bis heute bei uns beschäftigt. Sie wurde nach einer 3monatigen Pro-
> bezeit in unserer Buchhaltungsabteilung als Stenokontoristin beschäftigt.
> Außerdem hatte sie einige Urlaubsvertretungen in anderen Abteilungen zu
> übernehmen.
>
> Wir haben in Frau Pappel eine Arbeitskollegin gefunden, die stets eifrig
> bemüht war, alle ihr aufgetragenen Arbeiten mit großem Interesse zu er-
> füllen. Sie war uns eine immer tolerante Mitarbeiterin und kam mit den
> Kollegen gut aus. Ihre Pünktlichkeit ist zu loben.
>
> Frau Pappel scheidet aus persönlichen Gründen aus. Wir wünschen ihr
> für die Zukunft alles Gute.
>
> Heilbronn, den 13. Januar

Ist das ein "einfaches" oder ein "qualifiziertes" Zeugnis? Warum?
Sagt der Arbeitgeber Nachteiliges über Frau Pappel?
Finden Sie mit Hilfe des Anhangs (S. 86 ff.) heraus, welche Beurteilung der Arbeitgeber
"im Klartext" abgibt.

Schreiben Sie ein ausgesprochen positives Zeugnis für Frau Pappel.

_____

_____

_____

_____

_____

_____

S2

 Hören Sie von der Cassette Ausschnitte aus einer Verhandlung vor der ersten Instanz
eines Arbeitsgerichts, wo es um eine Kündigung durch den Arbeitgeber geht. Die
gekündigte Arbeitnehmerin hat die Kündigung als "sozial nicht gerechtfertigt"
zurückgewiesen.

Anhang: Zusätzliche Informationen

A 2 **Förderung nach dem Arbeitsförderungsgesetz (AFG)**

1. Betriebliche und überbetriebliche Ausbildung

Die Bundesanstalt für Arbeit gewährt Auszubildenden auf Antrag Berufsausbildungsbeihilfe für eine betriebliche oder überbetriebliche Ausbildung in einem anerkannten Ausbildungsberuf oder für die Teilnahme an einer berufsvorbereitenden Maßnahme, soweit ihnen die hierfür erforderlichen Mittel anderweitig nicht zur Verfügung stehen. Auf den zuerkannten »Bedarf für den Lebensunterhalt und die Ausbildung« wird deshalb das Einkommen des Auszubildenden selbst in voller Höhe, das Einkommen seiner Eltern und seines Ehegatten nach Abzug bestimmter Freibeträge angerechnet. Gefördert wird die Ausbildung für die Dauer der vorgeschriebenen Ausbildungszeit, und zwar frühestens vom Beginn des Antragsmonats an. Der Antrag auf Berufsausbildungsbeihilfe ist bei dem für den Wohnort des Auszubildenden zuständigen Arbeitsamt zu stellen. Antragsvordrucke erhält man bei der Berufsberatung des Arbeitsamtes, man bekommt sie auf Anforderung auch zugesandt. Beispiele für die Berechnung einer Berufsausbildungsbeihilfe sind im Beiheft zu »mach's richtig« enthalten.

2. Berufliche Fortbildung und Umschulung
a) Berufliche Fortbildung

Gefördert wird Fortbildung, die das Ziel hat, berufliche Kenntnisse und Fertigkeiten festzustellen, zu erhalten, zu erweitern oder der technischen Entwicklung anzupassen, oder einen beruflichen Aufstieg zu ermöglichen. Mit Förderung des Arbeitsamtes beruflich fortbilden kann sich, wer nach einer abgeschlossenen Berufsausbildung mindestens 3 oder – wenn er keine abgeschlossene Berufsausbildung hat – mindestens 6 Jahre beruflich tätig war. Ist der Antragsteller bereits einmal nach dem AFG gefördert worden, so wird eine weitere Fortbildungsmaßnahme gefördert, wenn er nach der ersten Maßnahme mindestens 3 Jahre beruflich tätig war.

Die nachzuweisende berufliche Tätigkeit verkürzt sich bei erstmaliger Förderung um 2 Jahre, bei wiederholter Förderung um 1 Jahr, wenn man an einem Lehrgang teilnimmt, der nicht länger als 6 Monate (bei Vollzeitunterricht) beziehungsweise 24 Monate (bei Teilzeitunterricht) dauert.

Unter bestimmten Voraussetzungen kann auf eine berufliche Tätigkeit völlig verzichtet werden, zum Beispiel im Falle einer Arbeitslosigkeit oder bei wiederholter Förderung, wenn der Lehrgang, der vorher besucht wurde oder besucht werden soll, nicht länger als 3 Monate (bei Vollzeitunterricht) beziehungsweise 12 Monate (bei Teilzeitunterricht) dauert.

Die Förderung erhält, wer innerhalb der letzten 3 Jahre vor Beginn der Maßnahme mindestens 2 Jahre lang eine die Beitragspflicht zur Bundesanstalt für Arbeit begründende Beschäftigung ausgeübt oder Arbeitslosengeld auf Grund eines Anspruchs von einer Dauer von mindestens 156 Tagen oder im Anschluß daran Arbeitslosenhilfe bezogen hat.

Die Frist von 3 Jahren verlängert sich

● um Zeiten, in denen ein Antragsteller wegen der Geburt und Betreuung eines Kindes keine Erwerbstätigkeit ausgeübt hat, jedoch höchstens um 4 Jahre für jedes Kind;

● um die Dauer einer Beschäftigung als Arbeitnehmer im Ausland, die für die weitere Ausübung des Berufs nützlich oder üblich ist, jedoch höchstens um 2 Jahre.

Wer die vorstehenden Voraussetzungen nicht erfüllt, sich aber verpflichtet, innerhalb von 4 Jahren nach Abschluß der Maßnahmen mindestens 3 Jahre lang eine die Beitragspflicht begründende Beschäftigung auszuüben, erhält Leistungen nach § 45 AFG (Lehrgangsgebühren, Lernmittel und so weiter), wenn er arbeitslos, von Arbeitslosigkeit bedroht oder bisher ohne beruflichen Abschluß ist oder einen Mangelberuf ergreifen will.

3. Sonstige Förderungsmöglichkeiten

Bestimmte Personengruppen können auch finanzielle Hilfen aufgrund folgender Gesetze erhalten:
Bundesversorgungsgesetz,
Bundesentschädigungsgesetz,
Heimkehrergesetz,
Häftlingshilfegesetz,
Soldatenversorgungsgesetz,
Bundessozialhilfegesetz sowie
Regelungen der Länder.
Auskünfte darüber, wann diese Gesetze vorrangig sind und für wen sie Ausbildungsbeihilfen vorsehen, erteilen unter anderem die Arbeitsämter. Außerdem vergeben staatliche und private Stiftungen, Gewerkschaften und kirchliche Stellen unter bestimmten Voraussetzungen Stipendien.
Hierüber informieren insbesondere die Hochschulen, das Studentenwerk oder das Sozialreferat des Allgemeinen Studentenausschusses.

Wer hat Anspruch auf Leistungen nach dem Bundesausbildungsförderungsgesetz?

1. Schüler von weiterführenden allgemeinbildenden Schulen und Berufsfachschulen ab Klasse 10, von Berufsaufbauschulen, Fachschulklassen, deren Besuch eine abgeschlossene Berufsausbildung nicht voraussetzt sowie Fachoberschulen, wenn der Auszubildende nicht bei seinen Eltern wohnt und von der Wohnung der Eltern aus eine entsprechende zumutbare Ausbildungsstätte nicht erreichbar ist,

2. Schüler von Abendhauptschulen, Abendrealschulen, Abendgymnasien und Kollegs,

3. Schüler von Fachschulklassen, deren Besuch eine abgeschlossene Berufsausbildung voraussetzt,

4. Studierende an Höheren Fachschulen und Akademien,

5. Studenten an Hochschulen,

6. Teilnehmer an Fernunterrichtslehrgängen, die unter denselben Zugangsvoraussetzungen auf denselben Abschluß vorbereiten wie die in den Nummern 1 bis 5 bezeichneten Ausbildungsstätten,

7. Praktikanten, die ein Praktikum in Zusammenhang mit dem Besuch der vorstehend genannten Ausbildungsstätten und Fernunterrichtslehrgänge leisten müssen.

Ausbildungsförderung wird auch geleistet für den Besuch von Ausbildungsstätten für Heilhilfsberufe, für landwirtschaftlich- und biologisch-technische Assistenten, für verschiedene kirchliche und sozialpflegerische Berufe.

Ausbildungsförderung wird in der Regel nicht geleistet, wenn der Auszubildende beim Beginn der Ausbildung älter als 30 Jahre ist. Es sei denn, die Art der Ausbildung oder die persönliche Lage rechtfertigen das Überschreiten dieser Altersgrenze.

Nachfolgend werden die wichtigsten schulischen Abschlüsse und beruflichen Bildungswege kurz erläutert. Auf unterschiedliche Länderregelungen kann dabei nicht in allen

Einzelheiten eingegangen werden. Auch ist die Aufzählung nicht als erschöpfend anzusehen. Auskünfte erteilen die örtliche Schulbehörde (Schullaufbahnberatung) und die Berufsberatung.

1. Schulische Abschlüsse

Hauptschulabschluß

Der Hauptschulabschluß wird nach erfolgreichem Besuch der 9. Klasse einer Hauptschule beziehungsweise der entsprechenden Jahrgangsstufen in Gesamtschulen oder vergleichbarer Klassen in Sonderschulen erreicht. In einigen Bundesländern dauert die allgemeine Schulpflicht 10 Vollzeitschuljahre.

Der Hauptschulabschluß berechtigt zum Besuch beruflicher oder weiterführender allgemeinbildender Schulen, um beispielsweise den mittleren Bildungsabschluß zu erlangen.

Der Hauptschulabschluß läßt sich auch nachholen, so zum Beispiel durch
● erfolgreichen Abschluß eines Berufsvorbereitungsjahres (nur in einigen Bundesländern),
● Besuch des Berufsgrundbildungsjahres (nur in einigen Bundesländern),
● erfolgreichen Abschluß der Berufsschule (nur in einigen Bundesländern),
● Besuch einer Abendhauptschule (wie in Berlin, Bremen, Hessen),
● Ablegung der Schulfremdenprüfung nach dem Besuch von Vorbereitungskursen (zum Beispiel in Volkshochschulen).

Mittlerer Bildungsabschluß

Der »mittlere Bildungsabschluß« ist eine Bezeichnung für verschiedene, dem Realschulabschluß gleichzusetzende Schulabschlüsse. Er kann zum Beispiel erreicht werden:
● mit dem Versetzungszeugnis in die Klasse 11 eines Gymnasiums oder in die entsprechende Jahrgangsstufe einer Gesamtschule,
● mit staatlich anerkanntem Abschluß einer 2-, 3- oder 4jährigen Berufsfachschule (nur in einigen Bundesländern),
● mit Abschluß der 10. Klasse Hauptschule (nur in einigen Bundesländern),
● mit Abschluß einer Abendrealschule (ausbildungsbegleitend oder nach abgeschlossener Berufsausbildung oder beruflicher Tätigkeit),
● mit Ablegung der Schulfremdenprüfung nach entsprechenden Vorbereitungskursen,
● in Verbindung mit einer Fachschulausbildung, zum Beispiel zum Staatlich geprüften Techniker oder Staatlich geprüften Betriebswirt (nur in einigen Bundesländern).

Die »Fachschulreife« kann in einigen Bundesländern erworben werden durch den Besuch einer Berufsaufbauschule beziehungsweise bestimmter Berufsfachschulen.

Der »mittlere Bildungsabschluß« eröffnet unter anderem folgende Möglichkeiten:
● Verkürzung der Dauer einer betrieblichen Berufsausbildung unter bestimmten Voraussetzungen,
● Aufnahme einer entsprechenden schulischen Berufsausbildung (an Berufsfach- oder Fachschulen),
● Besuch einer Höheren Handelsschule (nur in einigen Bundesländern),
● Besuch eines Berufskollegs (Baden-Württemberg),
● Besuch der Klassen 11 und 12 einer Fachoberschule oder eines Fachgymnasiums (nur in einigen Bundesländern),
● Besuch der Klasse 12 einer Fachoberschule nach abgeschlossener Berufsausbildung,
● Besuch einer Berufsoberschule (Bayern) beziehungsweise einer Technischen Oberschule (Baden-Württemberg) nach abgeschlossener Berufsausbildung,
● Besuch eines beruflichen Gymnasiums.

Realschulabsolventen haben ferner die Möglichkeit, in ein Gymnasium überzugehen und die allgemeine oder fachgebundene Hochschulreife zu erwerben.

Allgemeine Hochschulreife, fachgebundene Hochschulreife, Fachhochschulreife

Die Hochschulreife (das Abitur) wird zum Beispiel erworben durch
● den Abschluß eines Gymnasiums, der Oberstufe eines beruflichen Gymnasiums oder einer Gesamtschule,
● den Abschluß eines Abendgymnasiums (nach abgeschlossener Berufsausbildung oder beruflicher Tätigkeit),
● den erfolgreichen Besuch eines Kollegs (Institut zur Erlangung der allgemeinen Hochschulreife, in der Regel nach mittlerem Bildungsabschluß und abgeschlossener Berufsausbildung oder beruflicher Tätigkeit),

● die staatliche Abschlußprüfung (Diplomierung) an einer Fachhochschule,
● den Abschluß des gymnasialen Zweiges einer Höheren Handelsschule (nur in Nordrhein-Westfalen),
● Ablegung der Schulfremdenprüfung nach entsprechenden Vorbereitungskursen,
● Ablegung der Begabtensonderprüfung.

Die fachgebundene Hochschulreife wird erworben zum Beispiel durch
● Abschluß der Berufsoberschule (Bayern), der Technischen Oberschule oder eines beruflichen Gymnasiums (Baden-Württemberg),
● Ergänzungsprüfung an Fachakademien (Bayern),
● Ablegung der Begabtensonderprüfung.

Die Fachhochschulreife erlangt man beispielsweise durch
● den Abschluß einer Fachoberschule oder der 12. Klasse beziehungsweise Jahrgangsstufe eines Fachgymnasiums,
● den Abschluß einer Höheren Handelsschule mit einem zusätzlichen ½- oder 1jährigen gelenkten Praktikum (nur in einigen Bundesländern),
● Ablegung einer Ergänzungsprüfung in Verbindung mit der staatlichen Abschlußprüfung an einer Fachschule, an einer Fachakademie (Bayern) oder an einem Berufskolleg,
● Ablegung einer Ergänzungsprüfung nach der 12. Klasse oder Jahrgangsstufe des Gymnasiums (Bayern) in Verbindung mit einem Praktikum,
● Ablegung der Schulfremdenprüfung.

Die Berechtigungen, die diese Schulabschlüsse verleihen, kann man der Broschüre »Studien- und Berufswahl« (Verlag K. H. Bock, Bad Honnef) entnehmen.

2. Berufliche Bildungswege

Berufsgrundbildungsjahr (Berufsgrundschuljahr)

In den Bundesländern wurden Berufsgrundbildungsjahre eingeführt beziehungsweise laufen als Modellversuche in verschiedenen Formen. Ziel dieser Einrichtung ist es, Grundkenntnisse und Grundfertigkeiten zu vermitteln sowie Einblick in ein bestimmtes Berufsfeld, das heißt in einen Bereich, in dem man später die Wahl unter mehreren Ausbildungsberufen hat, zu geben. Der erfolgreiche Abschluß des Berufsgrundbildungsjahres ist ganz oder teilweise auf die weitere berufliche Ausbildung innerhalb des gewählten Berufsfeldes anzurechnen. Für einige Ausbildungsberufe ist der Besuch des Berufsgrundbildungsjahres zwingend vorgeschrieben. Außerdem besteht für Hauptschüler, die die Hauptschule ohne Abschluß verlassen haben, in einigen Bundesländern die Chance, mit dem Berufsgrundbildungsjahr zugleich den Hauptschulabschluß zu erreichen.

In den Klassen für das Berufsgrundbildungsjahr werden die Schüler nach Berufsfeldern zusammengefaßt.

Die Konferenz der Kultusminister der Länder der Bundesrepublik Deutschland hat 1978 in einer Rahmenvereinbarung die Einrichtung von 13 Berufsfeldern beschlossen, so zum Beispiel
Berufsfeld Wirtschaft und Verwaltung,
Berufsfeld Metalltechnik,
Berufsfeld Elektrotechnik,
Berufsfeld Bautechnik,
Berufsfeld Agrarwirtschaft.

Berufsfeldbezogene Oberstufenzentren in Berlin

In den 23 berufsfeldbezogenen Oberstufenzentren, die in der Zeit von 1979 bis 1984 eingerichtet werden, wird eine Verzahnung zwischen beruflicher und allgemeiner Bildung angestrebt. Sie sind nach Berufsfeldern gegliedert, bei großen Berufsfeldern zusätzlich nach Schwerpunkten. Es werden Bildungsangebote verschiedener Schulzweige – Berufsschule, Berufsfachschule, Fachoberschule, Oberstufe des Gymnasiums und gegebenenfalls Fachschule – zusammengefaßt. Vorgesehen sind die Einführung des Berufsgrundbildungsjahres, die Ausweitung des schulischen Anteils in der dualen Ausbildung, die Einrichtung vollzeitschulischer Bildungsgänge mit stark berufsfeldbezogenem Fachpraxisanteil zur Berufsbefähigung Jugendlicher ohne Ausbildungsverhältnis sowie der weitere Ausbau der Fachoberschulen, Berufsfachschulen und Fachschulen. Die gymnasialen Oberstufen an den berufsfeldbezogenen Oberstufenzentren führen über ein berufsfeldbezogenes Profil zur allgemeinen Hochschulreife.

A 2

Betriebliche Berufsausbildung

Ausbildungsinhalt und -dauer sind für einen anerkannten Ausbildungsberuf gesetzlich vorgeschrieben. Die praktische Ausbildung erfolgt überwiegend in einem Betrieb. Sie wird ergänzt durch den Unterricht an der Berufsschule. Dieser Unterricht wird an ein oder zwei Tagen in der Woche oder auch als sogenannter Blockunterricht, der sich auf mehrere Wochen in zusammenhängender Form erstreckt, durchgeführt.

Da die Ausbildung sowohl im Betrieb als auch in der Berufsschule – also in zwei Einrichtungen – erfolgt, spricht man vom »dualen System« der Berufsausbildung.

Nicht alle Betriebe verfügen über die erforderlichen Ausbildungseinrichtungen, um alle Kenntnisse für die spätere Berufsausübung zu vermitteln. Deshalb werden zunehmend überbetriebliche Ausbildungsstätten errichtet. In einigen Ausbildungsbereichen hat man die Stufenausbildung eingeführt (siehe grafische Darstellungen innerhalb der Berufsbeschreibung). Diese Ausbildungsform soll für verwandte Berufe eine einheitliche Grundausbildung ermöglichen. Darauf baut die sich anschließende berufliche Fachbildung auf.

Berufliche Weiterbildung

Nach abgeschlossener Berufsausbildung und einigen Jahren Berufspraxis bieten sich vielfältige Weiterbildungsmöglichkeiten an. Weiterbilden kann man sich zum Beispiel in Lehrgängen, an Fachschulen oder im Fernstudium.

Weiterbildungsziele können sein:
● *die Meisterprüfung* im Handwerk, in der Industrie, in der Hauswirtschaft, in der Landwirtschaft und im Gartenbau oder *Staatlich geprüfter Techniker / Staatlich geprüfte Technikerin;*
● *Fachwirt / Fachwirtin, Fachkaufmann / Fachkauffrau* oder *Staatlich geprüfter Betriebswirt / Staatlich geprüfte Betriebswirtin* im kaufmännischen Bereich.
● Außerdem gibt es *berufsspezifische Weiterbildungen,* so zum Beispiel vom Buchhändler / von der Buchhändlerin zum „Assistenten im Buchhandel" / zur „Assistentin im Buchhandel" oder von der Krankenschwester / vom Krankenpfleger zur „Leitenden Schwester" / zum „Leitenden Pfleger".

Die folgenden Beschreibungen der Schultypen Berufsschule, Berufsfachschule, Berufskolleg, Berufsaufbauschule, Fachoberschule, Fachakademie, Berufsoberschule, Fachgymnasium, Fachschule und Berufsakademie wurden dem Beschluß der Kultusministerkonferenz vom 8. 12. 1975 entnommen.

Berufsschulen sind Schulen, die von Berufsschulpflichtigen/Berufsschulberechtigten besucht werden, die sich in der beruflichen Erstausbildung befinden oder in einem Arbeitsverhältnis stehen. Sie haben die Aufgabe, dem Schüler allgemeine und fachliche Lerninhalte unter besonderer Berücksichtigung der Anforderungen der Berufsausbildung zu vermitteln. Der Unterricht erfolgt in Teilzeitform an einem oder mehreren Wochentagen oder in zusammenhängenden Teilabschnitten (Blockunterricht); er steht in enger Beziehung zur Ausbildung in Betrieben einschließlich überbetrieblicher Ausbildungsstätten. Im Rahmen einer in Grund- und Fachstufe gegliederten Berufsausbildung kann die Grundstufe als Berufsgrundbildungsjahr mit ganzjährigem Vollzeitunterricht oder im dualen System in kooperativer Form geführt werden.

Berufsfachschulen sind Schulen mit Vollzeitunterricht von mindestens 1jähriger Dauer, für deren Besuch keine Berufsausbildung oder berufliche Tätigkeit vorausgesetzt wird. Sie haben die Aufgabe, allgemeine und fachliche Lerninhalte zu vermitteln und den Schüler zu befähigen, den Abschluß in einem anerkannten Ausbildungsberuf oder einem Teil der Berufsausbildung in einem oder mehreren anerkannten Ausbildungsberufen zu erlangen oder ihn zu einem Berufsausbildungsabschluß zu führen, der nur in Schulen erworben werden kann.

Berufskollegs (Baden-Württemberg) sind berufliche Bildungseinrichtungen, die den Realschulabschluß oder einen gleichwertigen Schulabschluß voraussetzen. Sie führen in 1 bis 3 Jahren zu einer beruflichen Erstqualifikation und können bei mindestens 2jähriger Dauer unter besonderen Voraussetzungen auch zur Fachhochschulreife führen. Das Berufskolleg wird in der Regel als Vollzeitschule geführt; es kann in einzelnen Typen in Kooperation mit betrieblichen Ausbildungsstätten auch in Teilzeitunterricht durchgeführt werden.

Berufsaufbauschulen sind Schulen, die neben einer Berufsschule oder nach erfüllter Berufsschulpflicht von Jugendlichen besucht werden, die in einer Berufsausbildung stehen oder eine solche abgeschlossen haben. Sie vermitteln eine über das Ziel der Berufsschule hinausgehende allgemeine und fachtheoretische Bildung und führen zu einem dem Realschulabschluß gleichwertigen Bildungsstand (»Fachschulreife«). Der Bildungsgang umfaßt in Vollzeitform mindestens 1 Jahr, in Teilzeitform einen entsprechend längeren Zeitraum.

Höhere Handelsschulen * verlangen als Zugangsvoraussetzung den mittleren Bildungsabschluß. Sie bereiten auf eine Tätigkeit in Wirtschaft und Verwaltung vor. Der Abschluß der Höheren Handelsschule verkürzt eine einschlägige betriebliche Berufsausbildung. Mit dem Abschluß der 2jährigen Höheren Handelsschule und einem zusätzlichen gelenkten Praktikum wird ferner der Zugang zur Fachhochschule eröffnet.

Fachoberschulen * * sind Schulen, die – aufbauend auf einem Realschulabschluß oder einem als gleichwertig anerkannten Abschluß – allgemeine, fachtheoretische und fachpraktische Kenntnisse und Fähigkeiten vermitteln und zur Fachhochschulreife * * * führen. Die 11. Klasse umfaßt den Unterricht und fachpraktische Ausbildung; der Besuch der 11. Klasse kann durch eine einschlägige Berufsausbildung ersetzt werden.
Der Unterricht in Klasse 12 wird in der Regel in Vollzeitform erteilt; wird er in Teilzeitform erteilt, dauert er mindestens 2 Jahre.
In Baden-Württemberg treten an die Stelle der Fachoberschulen die Klassen 11 und 12 der Beruflichen Gymnasien.

Berufsoberschulen (Bayern)
Technische Oberschulen (Baden-Württemberg) sind Schulen mit Vollzeitunterricht, die – aufbauend auf einer abgeschlossenen Berufsausbildung beziehungsweise einer entsprechenden Berufspraxis und Realschulabschluß beziehungsweise einem gleichwertigen Abschluß – eine allgemeine und fachtheoretische Bildung vermitteln und in mindestens 2 Jahren zur fachgebundenen Hochschulreife führen.

Fachakademien (Bayern) sind berufliche Bildungseinrichtungen, die den Realschulabschluß oder einen gleichwertigen Schulabschluß voraussetzen und in der Regel im Anschluß an eine dem Ausbildungsziel dienende berufliche Ausbildung oder praktische Tätigkeit auf den Eintritt in eine angehobene Berufslaufbahn vorbereiten. Der Ausbildungsgang umfaßt bei Vollzeitunterricht mindestens 2 Jahre.

Fachgymnasien/Berufliche Gymnasien, die in einigen Ländern eingerichtet wurden, sind Gymnasien in Aufbauform. Sie bauen auf einem Realschulabschluß mit einem beruflichen Schwerpunkt auf und führen zur allgemeinen oder zur fachgebundenen Hochschulreife.
Sie können durch das Angebot an beruflichen Schwerpunkten gegebenenfalls in Verbindung mit Zusatzpraktika einen Teil der Berufsausbildung vermitteln oder den Abschluß in einem anerkannten Beruf ermöglichen.

Fachschulen sind Schulen, die grundsätzlich den Abschluß einer einschlägigen Berufsausbildung oder eine entsprechende praktische Berufstätigkeit voraussetzen; als weitere Voraussetzung wird in der Regel eine zusätzliche Berufsausübung gefordert.
Sie führen zu vertiefter beruflicher Fachbildung und fördern die Allgemeinbildung. Bildungsgänge an Fachschulen in Vollzeitform dauern in der Regel mindestens 1 Jahr, Bildungsgänge an Fachschulen in Teilzeitform dauern entsprechend länger. An einigen Fachschulen wird zusätzlich die Möglichkeit geboten, die Fachschulreife und/oder die Fachhochschulreife zu erwerben.

Hochschulen sind Universitäten, Technische Hochschulen/Universitäten, Gesamthochschulen, Pädagogische beziehungsweise Erziehungswissenschaftliche Hochschulen, Hochschulen für Medizin, Tiermedizin und Sport, Kunst- und Musikhochschulen, Kirchliche und Philosophisch-Theologische Hochschulen sowie **Fachhochschulen**.

Das Studium an Fachhochschulen dauert im allgemeinen 6 bis 8 Semester, teilweise unter Einbeziehung von zwei Industrie- beziehungsweise Praxissemestern. Mit der staatlichen Abschlußprüfung wird gleichzeitig die allgemeine Hochschulreife erworben.

---

* * In Berlin können auch Hauptschüler mit abgeschlossener Berufsausbildung die Fachoberschule besuchen (Dauer 2 Jahre).
* * * Erwerb der Fachhochschulreife in Rheinland-Pfalz nur in Verbindung mit einer abgeschlossenen Berufsausbildung.

Ü5 S. 15

Arbeitsämter, Berufsverbände, Gewerkschaften, die Industrie- und Handelskammer, die Handwerkskammer und die Beratungsstellen des Verbraucher-Verbandes helfen bei der Berufswahl und/oder einer in Frage kommenden Umschulung und in Fragen des Bildungsurlaubes.

Anerkannte Ausbildungsberufe, wie sie im Berufsbildungsgesetz geregelt sind, kann man in einem Betrieb oder in einer Verwaltung, manche aber auch in einer Berufsfachschule, erlernen.

Für anerkannte Ausbildungsberufe gibt es keine bestimmte Schulbildung als Zugangsvoraussetzung. Die Einstellungsbedingungen sind deshalb von Betrieb zu Betrieb unterschiedlich.

Die Ausbildungsdauer in den Berufen ist nicht einheitlich. Sie reicht von einem Jahr bis zu dreieinhalb Jahren und wird in der jeweiligen Ausbildungsordnung festgelegt. Bei Realschul- oder gleichwertigem Abschluß sowie bei Fachhochschul- oder Hochschulreife kann die Ausbildung verkürzt werden. Einige Ausbildungsordnungen schreiben in diesen Fällen eine Verkürzung bereits fest vor.

Das Berufsbildungsgesetz (BBiG)
Die berufliche Bildung ist im Berufsbildungsgesetz geregelt, durch das eine ordnungsgemäße und fachlich einwandfreie Berufsausbildung gesichert werden soll.

Wichtige Bestimmungen aus dem Berufsbildungsgesetz:
1. Jugendliche unter 18 Jahren dürfen nur in einem anerkannten Ausbildungsberuf ausgebildet werden.
2. Nur geeignete Ausbilder sind zur Ausbildung berechtigt.
3. Zur Berufsausbildung muß zwischen dem Auszubildenden und dem ausbildenden Betrieb ein schriftlicher Vertrag geschlossen werden.
4. Jedes vertraglich geschlossene Ausbildungsverhältnis muß in einem Verzeichnis der Ausbildungsverhältnisse bei der Industrie- und Handelskammer, der Handwerkskammer, der Landwirtschaftskammer oder anderen zuständigen Stellen eingetragen werden.
5. Rechte und Pflichten des Auszubildenden sowie des Ausbildenden sind genau vorgeschrieben. Beide sind dafür verantwortlich, daß das Ausbildungsziel erreicht wird – der Ausbildende durch die Vermittlung von allen in der Ausbildungsverordnung festgelegten Kenntnissen und Fertigkeiten des Berufes, der Auszubildende durch Bemühen, sich diese Kenntnisse und Fertigkeiten anzueignen.
6. Aus dem Ausbildungsvertrag müssen Dauer der Ausbildung, Probezeiten, Urlaubszeiten, Vergütungen oder ähnliche Regelungen hervorgehen.
7. In den anerkannten Ausbildungsberufen werden Abschlußprüfungen durch die zuständigen Stellen (zum Beispiel Kammern) abgenommen.

Wo gibt es schon Bildungsurlaub?

Land	Für	wie lange?
Berlin	Jugendliche bis 25	10 Arbeitstage pro Jahr
Bremen	alle	10 Arbeitstage alle 2 Jahre
Hamburg	alle	10 Arbeitstage alle 2 Jahre
Hessen	Jugendliche bis 25	5 Arbeitstage pro Jahr
Niedersachsen	alle	10 Arbeitstage alle 2 Jahre

S. 16, Anzeige (4)

Sonderfall: Anzeigen mit Chiffre

Viele Stellensuchende vermeiden es, sich auf Chiffreanzeigen zu bewerben, da sie befürchten, sich bei der Firma zu bewerben, bei der sie zur Zeit beschäftigt sind. Diesem Unsicherheitsfaktor kann jedoch abgeholfen werden:

1. Beschriften Sie den Umschlag, der Ihre Bewerbungsunterlagen enthält, an die Zeitung/Zeitschrift wie folgt:

"Morgenpost"
Chiffre 07065
Postfach XYZ

2800 Bremen

und heften Sie einen Zettel mit dem Vermerk (Sperrvermerk!) an:

"Nicht weiterleiten an Firma ZYX"

A 3 2. Adressieren Sie dann einen größeren Umschlag an den Zeitungs-/Zeitschriftenverlag
– ohne jeden Hinweis auf den Inhalt des Schreibens –, und stecken Sie nun den
Umschlag, der Ihre Bewerbungsunterlagen enthält und der mit der Chiffrenummer und
dem Sperrvermerk auf dem angehefteten Zettel versehen ist, in diesen größeren Umschlag. Damit haben Sie die Gewähr, daß der Verlag den an ihn gerichteten Brief
öffnet, den zweiten Umschlag mit Chiffreangabe und Sperrvermerk findet und entspre
chend weiterbearbeitet, d. h., Ihre Bewerbung wird entweder an die Firma weiterge-
leitet, die die Anzeige aufgegeben hat, oder an Sie zurückgesandt.

Beispiel a)

Umschlag an den Verlag: Umschlag mit Ihren Bewerbungsunterlagen:

Beispiel b)

Der Zeitungsverlag leitet Ihre Bewerbungsunterlagen jedoch nur dann an Sie zurück, wenn die inserierende Firma die Stellenanzeige mit einem Weiterleitungsvermerk aufgegeben hat (z. B.: "Teilen Sie mit, wenn eine Firma Ihre Bewerbung nicht erhalten soll" oder "Sperrvermerke sind zugelassen").
Wenn diese (oder ähnliche) Weiterleitungsvermerke nicht enthalten sind, schickt Ihnen der Verlag Ihre Unterlagen in jedem Fall zurück, damit das Chiffregeheimnis nicht verletzt wird. Aus einer Rücksendung könnten Sie ja sonst schließen, daß die inserierende Firma identisch ist mit der von Ihnen genannten.

Fall 1) Anzeige unter Chiffre PO 219 Der Tagesspiegel: **A 3**

Hier hat die inserierende Firma einen Weiterleitungsvermerk in der Stellenanzeige aufgegeben.
Herr Hans Müller erhält seine Bewerbungsunterlagen vom Verlag zurück. Er weiß jetzt, daß die Firma, bei der er zur Zeit beschäftigt ist, die Stellenanzeige aufgegeben hat.

Fall 2) Anzeige unter Chiffre 60 - 9094 Morgenpost

Frau Rosi Senkel erhält ihre Bewerbungsunterlagen ebenfalls vom Verlag zurück, weil die inserierende Firma keinen Weiterleitungsvermerk zugelassen hat. Hier muß der Verlag alle Bewerbungsunterlagen zurückschicken, um das Chiffregeheimnis nicht zu verletzen, auch wenn die Firma nicht identisch ist mit Firma "Leckerli", an die die Unterlagen von Frau Senkel nicht geschickt werden sollten. D. h., daß damit hier Frau Senkel keine Möglichkeit hat, sich um die ausgeschriebene Stelle zu bewerben.

S2 S. 22 **A 4**

Tips für Auskünfte und Informationsmaterial erhalten Sie

- z.B. beim Arbeitsamt:
  "Ihre Rechte und Pflichten - Merkblatt für Arbeitslose" und "Merkblatt über Konkursausfallgeld"

- oder beim Presse- und Informationsamt der Bundesregierung; zum Zeitpunkt der Drucklegung standen folgende Informationsbroschüren zur Verfügung:
  "Tips für Arbeitnehmer" und "Frauen" (aus der Reihe "Bürger-Service")

- oder beim Bundesministerium für Bildung und Wissenschaft:
  "Frauen und Bildung"

- oder den bmbw-Werkstattbericht (bmbw: Bundesministerium für Bildung und Wissenschaft): "Zur Situation der Frauen in der beruflichen Bildung"

- beim Bundesminister für Jugend, Familie und Gesundheit:
  "Sozialhilfe - Ihr gutes Recht"

A4 Die Regelung zur Gewährung von Arbeitslosengeld und Arbeitslosenhilfe besagt:

Arbeitslosengeld oder Arbeitslosenhilfe können Sie nur erhalten, wenn Sie dem Arbeitsamt Ihre Arbeitslosigkeit **persönlich gemeldet** und die **entsprechende Leistung beantragt haben.**

Die Leistungen (Arbeitslosengeld oder Arbeitslosenhilfe) werden frühestens vom Tage der Arbeitslosmeldung und Antragstellung an gewährt. Darum ist es für Sie wichtig, daß Sie bei Eintritt der Arbeitslosigkeit **sofort** das Arbeitsamt aufsuchen. So schützen Sie sich am besten vor finanziellen Nachteilen.

Wenn die Arbeitslosigkeit selbst verschuldet ist

Nach den gesetzlichen Vorschriften können Ihnen Nachteile entstehen, wenn Sie Ihre Arbeitslosigkeit selbst verschuldet haben, eine zumutbare Arbeit nicht annehmen oder sich weigern, an Maßnahmen zur beruflichen Ausbildung, Fortbildung oder Umschulung teilzunehmen.

So tritt im Leistungsbezug eine Sperrzeit ein, wenn Sie:

1. Ihr Arbeitsverhältnis selbst gelöst haben oder durch vertragswidriges Verhalten die Kündigung des Arbeitgebers veranlaßten und so die Arbeitslosigkeit grob fahrlässig oder gar vorsätzlich herbeigeführt haben;

2. eine Ihnen vom Arbeitsamt angebotene Arbeit ablehnen oder nicht antreten oder durch Ihr Verhalten das Zustandekommen eines Beschäftigungsverhältnisses vereiteln;

3. sich weigern, an einer Maßnahme zur beruflichen Ausbildung oder an einer notwendigen Maßnahme zur beruflichen Fortbildung oder Umschulung teilzunehmen, obwohl Ihr Arbeitsamt Ihnen eine Förderung der Teilnahme zugesagt hat;

4. sich weigern, an einer Maßnahme zur beruflichen Rehabilitation teilzunehmen, während der Sie Übergangsgeld beanspruchen könnten;

5. die Teilnahme an einer der vorstehend unter 3. und 4. genannten Maßnahmen abbrechen.

Anwartschaftszeit
Die Anwartschaftszeit haben Sie dann erfüllt, wenn Sie in den letzten drei Jahren vor der Arbeitslosmeldung wenigstens 180 Kalendertage beitragspflichtig beschäftigt waren.

Arbeitslosengeld

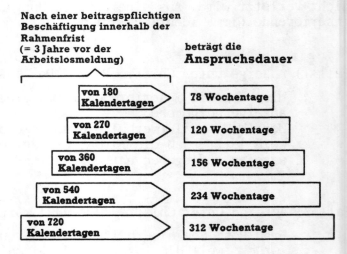

Nach einer beitragspflichtigen Beschäftigung innerhalb der Rahmenfrist (= 3 Jahre vor der Arbeitslosmeldung)	beträgt die **Anspruchsdauer**
von 180 Kalendertagen	78 Wochentage
von 270 Kalendertagen	120 Wochentage
von 360 Kalendertagen	156 Wochentage
von 540 Kalendertagen	234 Wochentage
von 720 Kalendertagen	312 Wochentage

Arbeitslosenhilfe

Die Arbeitslosenhilfe **wird längstens für ein Jahr** bewilligt. Nach Ablauf des Bewilligungszeitraumes müssen Sie daher die Voraussetzungen des Anspruchs auf Arbeitslosenhilfe erneut nachweisen. Ihr Arbeitsamt wird Sie rechtzeitig dazu auffordern.

Arbeitslosengeld und Arbeitslosenhilfe werden nur für die 6 Wochentage gewährt – nicht für den Sonntag. Spätestens mit dem Ablauf des Monats, in dem das 65. Lebensjahr vollendet wird, endet die Zahlung von Arbeitslosengeld oder -hilfe.

12 wichtige Punkte, die Sie sich merken sollten

1. Arbeitslosengeld und Arbeitslosenhilfe werden frühestens von dem Tag an gewährt, an dem die Arbeitslosigkeit dem Arbeitsamt persönlich mitgeteilt und die Leistung beantragt worden ist. Suchen Sie also im eigenen Interesse bei Eintritt der Arbeitslosigkeit sofort das Arbeitsamt auf.

2. Die Leistung wird grundsätzlich bargeldlos überwiesen. Richten Sie sich darum bitte ein Konto ein, falls noch nicht geschehen.

3. Arbeitslosengeld wird für eine begrenzte Zeit, Arbeitslosenhilfe jeweils längstens für 1 Jahr gewährt.

4. Die Höhe der Leistung richtet sich im allgemeinen nach dem zuletzt erzielten Verdienst und Ihrem Familienstand. Nebenverdienst wird zur Hälfte auf die Leistung angerechnet, soweit er 15,– DM wöchentlich übersteigt. Arbeitslosenhilfe kann nur bei Bedürftigkeit gewährt werden. Haben Sie oder Ihre Angehörigen Einkommen oder Vermögen, so kann dies zur Kürzung der Arbeitslosenhilfe führen.

5. Die Entscheidung über Ihren Antrag wird Ihnen durch einen schriftlichen Bescheid bekanntgegeben.

6. Während Ihres Leistungsbezuges sind Sie kranken-, unfall- und rentenversichert. Melden Sie Arbeitsunfähigkeit bitte sofort d e m   A r b e i t s - a m t. Nach Unterbrechung des Leistungsbezuges ist es erforderlich, einen neuen Antrag zu stellen.

7. Wenn Sie der Aufforderung zur Meldung beim Arbeitsamt ohne wichtigen Grund nicht nachkommen, muß Ihnen die Leistung für 6 Tage versagt werden.

8. Bitte melden Sie dem Arbeitsamt sofort alle Änderungen, die Einfluß auf Ihren Leistungsanspruch haben können.

9. Zur Prüfung der Anspruchsvoraussetzungen ist das Arbeitsamt berechtigt, Ermittlungen durchzuführen (auch ärztliche Untersuchungen).

10. Wer zumutbare Arbeitsmöglichkeiten nicht nutzt oder die Teilnahme an beruflichen Bildungsmaßnahmen ohne wichtigen Grund ablehnt, muß mit Nachteilen (etwa Sperrzeiten), unter Umständen sogar mit dem völligen Wegfall der Leistung rechnen.

11. Bewahren Sie die vom Arbeitsamt ausgestellten Leistungsnachweise sorgfältig auf.

12. Wenn Sie weitere Fragen in Ihrer Leistungsangelegenheit haben, wenden Sie sich bitte an Ihr Arbeitsamt.

Konkursausfallgeld

Falls Ihr letzter Arbeitgeber seine Zahlungen einstellen mußte, haben Sie möglicherweise noch Ansprüche auf rückständiges Arbeitsentgelt. In diesem Falle können Sie unter bestimmten Voraussetzungen Konkursausfallgeld beanspruchen.
Auf das Konkursausfallgeld wird das für den gleichen Zeitraum gezahlte Arbeitslosengeld angerechnet. Der Antrag auf Konkursausfallgeld ist grundsätzlich innerhalb einer Ausschlußfrist von 2 Monaten nach der Konkurseröffnung oder Konkursabweisung mangels Masse oder vollständigen Beendigung der Betriebstätigkeit zu stellen. Wird die Ausschlußfrist schuldlos versäumt, kann der Antrag noch innerhalb von zwei Monaten nach Wegfall der Hinderungsgründe gestellt werden.

Über nähere Einzelheiten können Sie sich im **„Merkblatt über Konkursausfallgeld"** informieren, das Ihnen in Ihrem Arbeitsamt gern ausgehändigt wird.

Sozialhilfe

Wenn Arbeitslosengeld oder Arbeitslosenhilfe nicht, vorübergehend nicht oder nicht in ausreichender Höhe gewährt werden, kann ein Anspruch auf Sozialhilfe bestehen. Ein Antrag auf Sozialhilfe ist beim Sozialamt Ihrer Gemeinde zu stellen. Sozialhilfe wird nicht rückwirkend, sondern erst vom Tage der Antragstellung an gewährt. Es kann sich daher unter Umständen empfehlen, vorsorglich einen Antrag auf Sozialhilfe zu stellen. Näheres über Ihren Anspruch auf Sozialhilfe können Sie erfahren

– auf dem Sozialamt Ihrer Gemeinde,

– durch die Broschüre „Sozialhilfe – Ihr gutes Recht", die Sie kostenlos beim Bundesminister für Jugend, Familie und Gesundheit, Postfach 490, 5300 Bonn-Bad Godesberg, anfordern können.

Fragen, die nichts mit dem Arbeitsleben und der zukünftigen Tätigkeit zu tun haben, müssen nicht wahrheitsgemäß beantwortet werden. Bei unzulässigen Fragen nach dem Privatleben hat man das "Recht zur Lüge", ohne rechtliche Folgen für den Bestand des Arbeitsverhältnisses befürchten zu müssen.
Auskünfte über Vorstrafen sind grundsätzlich nur dann zu erteilen, wenn sie
a) mit dem Arbeitsleben und der zukünftigen Tätigkeit zu tun haben und
b) noch im Zentralregister aufgeführt sind.
Vorstrafen, die nicht "einschlägig" sind, d. h. nicht direkt mit der Arbeitstätigkeit zu tun haben, und die sich noch im Zentralregister befinden, müssen nicht angegeben werden.
Auch einschlägige Vorstrafen (z. B. Veruntreuung bei einem Kassierer, Trunkenheit am Steuer bei einem Kraftfahrer, Sittlichkeitsdelikt bei einem Pädagogen) müssen nicht mehr angegeben werden, wenn sie im Zentralregister gelöscht sind.

B2 Wissenswertes zur Problematik von "Einstellungs-/Eignungstests"

In den letzten Jahren verbreitete sich die Anwendung von psychologischen Testverfahren gerade und besonders als Hilfsmittel bei der Auswahl von geeigneten neuen Mitarbeitern und erleichterte nach Meinung vieler Personalchefs die Entscheidungsfindung zwischen mehreren Bewerbern bei Neueinstellungen und/oder innerbetrieblichen Umbesetzungen. Eigentlich sollten nur Merkmale von Bewerbern geprüft/getestet werden, die einen unmittelbaren Bezug zur Arbeit, d. h. zur betrieblichen Tätigkeit haben. Fast alle verwendeten Eignungs-/Persönlichkeitstests zielen jedoch auf die gesamte Persönlichkeit der Bewerber ab und ermitteln häufig nur ein recht oberflächliches, ungenaues Bild der Testperson bzw. einen Intelligenzquotienten, der über die tatsächliche Einsetzbarkeit des Bewerbers auf einem bestimmten Arbeitsplatz oder dessen Eignung für ein Arbeitsgebiet nichts aussagt. Eine ganze Reihe von Fragen haben keinerlei tatsächlichen Bezug zum Arbeitsgebiet, sondern zielen auf Bereiche ab, die der Privatsphäre zugehören; sie sind also unzulässige Übergriffe.

Für die Bewältigung von Ängsten jeder Art vor Eignungs-/Intelligenz-/Persönlichkeitstests (und wie sie auch immer bezeichnet werden) sollten Sie stets daran denken, daß

a) Tests eingesetzt werden, um das Auswahlverfahren für die einstellende Firma zu erleichtern;
b) Tests oft unter Streßbedingungen (Zeitvorgabe/hohe Anzahl der Testfragen) abgehalten werden, die mehr das Durchhaltevermögen der Bewerber testen als die Richtigkeit der Antworten;
c) Tests keinerlei Bezug zur eigenen Person herstellen;
d) aufgrund völlig ungerechtfertigten Testmaterials ohne Skrupel an die Beantwortung der Fragen gegangen werden sollte;
e) ein Bewerber bestimmte Erwartungen erfüllen soll, die der zukünftige Chef hat.

Hier hilft Ihnen vielleicht der Hinweis (vgl. Susanne von Paczensky, "Der Testknacker", rororo, Klappentexte), daß es im Zweifel zwei Hauptregeln gibt, denen man folgen sollte:

1. Wird nach Wortassoziationen oder Bemerkungen über die Welt gefragt, dann gebe man die konventionellsten, abgedroschensten, nichtssagendsten Antworten, die nur möglich sind.

2. Um die nützlichste Antwort auf jede Frage zu finden, wiederholt man sich:

   a) Ich liebte Vater und Mutter, hatte den Vater aber doch ein bißchen lieber.
   b) Mir gefällt alles ganz gut, so wie es ist.
   c) Ich mache mir nie besonders große Sorgen.
   d) Ich mache mir nicht viel aus Büchern und Musik.
   e) Ich liebe meine Frau und meine Kinder.
   f) Die Familie darf meine Arbeit für die Firma nicht stören.

Ebenso wichtig ist es, daß man aufgrund der beantworteten Fragen dem "richtigen" Geschlecht zugeordnet wird. Das heißt für Frauen und Männer, daß sie erwartete, sogenannte geschlechtsspezifische Antworten auch dann geben sollten, wenn sie nicht der Wahrheit entsprechen.

Beispiel (entnommen aus "Der Testknacker"): **B 2**

	Maskulin	Feminin		Maskulin	Feminin
Ich gehe gern ins Theater.	stimmt nicht	stimmt	Ich liebe Gedichte.	stimmt nicht	stimmt
Ich habe keine Angst vor Schlangen.	stimmt	stimmt nicht	Ich bin in der Liebe enttäuscht worden.	stimmt nicht	stimmt
Ich würde gern Bibliothekar werden.	stimmt nicht	stimmt	Ich liebe laute lustige Gesellschaften.	stimmt	stimmt nicht
Ich denke oft Schneller als ich spreche.	stimmt nicht	stimmt	Ich bin voller Selbstvertrauen.	stimmt	stimmt nicht
Ich gehe gerne auf die Jagd.	stimmt	stimmt nicht	Ich empfinde stärker und tiefer als die meisten Menschen.	stimmt nicht	stimmt
Ich bin Mitglied in mehreren Vereinen.	stimmt	stimmt nicht	Ich wäre gern Soldat.	stimmt	stimmt nicht
Ich habe nie mit Puppen gespielt.	stimmt	stimmt nicht	Oft habe ich Lust auf eine Schlägerei.	stimmt	stimmt nicht

Tips für das Bewerbungsschreiben:

- Nicht mehr als eine DIN A4-Seite (unliniert, weiß) verwenden.
- Das Bewerbungsschreiben übersichtlich gegliedert gestalten.
- Rechtschreibung und Zeichensetzung kontrollieren lassen.
- Lesen Sie Ihre Bewerbung nach 2 oder 3 Stunden noch einmal kritisch durch, oder bitten Sie jemand, dies für Sie zu tun.
- Vermeiden Sie lange, komplizierte Schachtelsätze.
- Verwenden Sie knappe, freundliche Formulierungen.
- Angaben, die im Lebenslauf enthalten sind, sollten gestrichen werden.
- Benutzen Sie für alle Unterlagen (Bewerbungsschreiben, Lebenslauf, Handschrift-probe) das gleiche Papier (Format und Schrifttype), damit ein einheitlicher Eindruck beim Empfänger Ihrer Bewerbung entsteht.
- Wählen Sie das Foto mit einem Freund/Bekannten aus. Schreiben Sie Ihren Namen auf die Rückseite.
- Stimmen die Anlagen mit dem Anlagenvermerk des Bewerbungsschreibens überein?
- Ordnen Sie die Unterlagen in zeitlicher Folge entsprechend dem Lebenslauf.
- Der Briefumschlag sollte Ihre Unterlagen bequem aufnehmen können und mindestens DIN A5-Größe haben, damit Sie die Papiere nicht mehr als einmal falten müssen.
- Vergessen Sie Ihren Absender nicht auf dem Briefumschlag!
- Richtiges Frankieren ist wichtig - notfalls zur Post gehen und auswiegen lassen.
- Einschreiben und Eilbriefe sollten möglichst vermieden werden; ebenso können Sie sich Freiumschläge sparen. Firmen, die Arbeitskräfte suchen, senden - so jeden-falls die Norm - die eingehenden Unterlagen unaufgefordert innerhalb von 20 - 30 Tagen zurück. Nach Ablauf dieser Zeitspanne können Sie sich allerdings (ohne auf-dringlich zu erscheinen), nach Ihren Unterlagen erkundigen und diese gegebenen-falls zurückfordern.
- Und denken Sie bei jeder Bewerbung daran: Nicht wer zuerst kommt, mahlt zuerst! Eingehende Bewerbungen werden zunächst gesammelt und nach einigen Tagen gesichtet. Nehmen Sie sich also unbedingt die Zeit, um in Ruhe und mit der notwendigen Sorg-falt die Bewerbung abzufassen!

B2 – Gerade wenn die Bewerbung "handschriftlich" oder "mit Handschriftprobe" erbeten wird, sollten Sie beim Schreiben ausgeruht und unverkrampft sein. Auch der Gedanke an ein graphologisches Gutachten darf Sie nicht zu einer übertriebenen Sonntagshandschrift verleiten oder gar dazu, die Handschriftprobe von einer anderen Person schreiben zu lassen. Schreiben Sie doch einfach bei Gelegenheit versuchsweise einen Text (möglichst aus Ihrem Arbeits-/Berufsbereich) ab, und benutzen Sie dafür einen Füller oder Faserschreiber, da das Schreiben mit einem Kugelschreiber häufig das Schriftbild ungünstig beeinflußt, weil es uneinheitlich wirkt.

– Schreiben Sie übersichtlich, quetschen Sie den Text nicht zusammen, lassen Sie oben, unten, links und rechts einen Rand von ca. 3 cm.

– Versenden Sie keine Originaldokumente - Arbeitsproben nur mitsenden, wenn diese ausdrücklich verlangt werden.

– Fertigen Sie Kopien Ihrer Bewerbung und des Lebenslaufes an - sie dienen als Unterlagen für Telefonnotizen und sollten zur persönlichen Vorstellung mitgenommen werden. Sie dienen dann als Hilfe beim Vorstellungsgespräch und erleichtern auch das eventuelle Ausfüllen eines Frage- und Personalbogens.

B3 | Ü4 | S. 45

Beispiel einer Prüfliste für das Einstellungsgespräch

Bewerbung bei der Firma ....

am .... in ....

gesprochen mit ....

Fragen:

Wie wird mein Arbeitsgebiet aussehen?.....................................

....

Für wen werde ich arbeiten? ....

Arbeite ich für einen oder mehrere Vorgesetzte? ....

Werde ich noch ein Gespräch mit meinem zukünftigen Vorgesetzten führen?

Kann ich meinen zukünftigen Arbeitsplatz sehen?

Habe ich einen Arbeitsraum für mich oder muß ich ihn mit anderen teilen?

Wie sieht die Tätigkeit des Chefs aus? ....

Ist er viel unterwegs? ....

Arbeitszeit	Urlaub
wöchentlich	wieviel Tage?
täglich	werden Samstage mitgerechnet?
Gleitzeit	frei bestimmbar?
	Betriebsferien?
	zur gleichen Zeit wie der Chef?

Ergeben sich aus seiner Tätigkeit für mich Überstunden?

Gehalt .... 13. oder 14. Monatsgehalt? ....

Urlaubsgeld? .... Weihnachtsgeld? ....

Soziale Leistungen

Fahrgeld ....

Essenszuschuß ....

Vermögensbildung ....

Altersversorgung ....

Weiterbildungsmöglichkeiten ....

Aufstiegsmöglichkeiten ....

Termin der Arbeitsaufnahme ....

Dauer der Probezeit ....

Kündigungsfrist ....

Dienstverträge regelt das BGB § 611:

Sechster Titel. Dienstvertrag[1]

§ 611. [Wesen des Dienstvertrags] (1) Durch den Dienstvertrag wird derjenige, welcher Dienste zusagt, zur Leistung der versprochenen Dienste, der andere Teil zur Gewährung der vereinbarten Vergütung verpflichtet.

(2) Gegenstand des Dienstvertrags können Dienste jeder Art sein.

---

[1] Die Vorschriften des BGB über den Dienstvertrag finden auf Arbeitsverhältnisse nur insoweit Anwendung, als nicht gesetzliche Sondervorschriften für spezielle Gruppen von Arbeitnehmern bestehen.
Derartige Sondervorschriften befinden sich für gewerbliche Arbeitnehmer in den §§ 105 ff. GewO (Nr. 4).
Zu den gewerblichen Arbeitnehmern gehören, wie sich aus der Überschrift des Titels VII der GewO (Nr. 4) ergibt, Gesellen, Gehilfen, Lehrlinge, Betriebsbeamte, Werkmeister, Techniker, Fabrikarbeiter. Man unterscheidet gewerbliche Arbeiter und gewerbliche Angestellte; für letztere bestehen besondere Vorschriften in §§ 133 c–133 f GewO.
Von den gewerblichen Arbeitnehmern sind wiederum zu trennen diejenigen Personen, die in einem Handelsgewerbe zur Leistung kaufmännischer Dienste gegen Entgelt angestellt sind **(Handlungsgehilfen)**. Auf ihr Dienstverhältnis finden in erster Linie die §§ 59 ff. HGB (Nr. 3) sowie die §§ 105 ff. GewO (Nr. 4) Anwendung. Soweit die unter den Nrn. 9 bis 12 abgedruckten Vorschriften Anwendung finden, gehen auch sie den Bestimmungen des BGB vor. Eine besondere Regelung erfahren die Verträge, die die Berufsausbildung zum Gegenstande haben. Vgl. das Berufsbildungsgesetz (Nr. 23).
[2] Nach Art. 2 des Gesetzes über die Gleichbehandlung von Männern und Frauen am Arbeitsplatz vom 13. 8. 1980 (BGBl. I S. 1308) soll der Arbeitgeber einen Abdruck der §§ 611a, 611b, 612 Abs. 3 und 612a an geeigneter Stelle im Betrieb zur Einsicht aushängen oder auslegen.

Der Arbeitsvertrag ist ein Unterfall des Dienstvertrages:

C

Ein Dienstvertrag wird zum Arbeitsvertrag, wenn er die Leistungen von unselbständiger Tätigkeit zum Gegenstand hat.

Ein Arbeitsvertrag bedarf keiner besonderen Form, er ist grundsätzlich formfrei! Mündliche Arbeitsverträge sind durchaus gesetzlich zugelassen, man sollte sie jedoch nie ohne Zeugen abschließen, weil im Streitfall bewiesen werden muß, daß sie tatsächlich zustande gekommen sind. Sicherer ist es, Abmachungen, die ein Arbeitsverhältnis betreffen, schriftlich niederzulegen.

Es gibt kein Arbeitsrecht, d. h. keine einheitliche Kodifikation, wie wir sie in Form des Bürgerlichen Gesetzbuchs (BGB) haben. Wir kennen zahllose Einzelgesetze, im wesentlichen Arbeitnehmerschutzgesetze (z. B. Mutterschutzgesetz, Betriebsverfassungsgesetz, Kündigungsschutzgesetz).

Es gibt keinen generellen Rechtsanspruch auf einen schriftlichen Vertrag, allerdings sehen Tarifverträge häufig die Schriftform vor (z. B. § 4 BAT).

Näheres über Tarifverträge

Tarifverträge können für allgemeinverbindlich erklärt worden sein. Sie gelten in diesem Falle nicht nur für Gewerkschaftsmitglieder und Mitglieder in Arbeitgebervereinigungen, sondern auch für nicht organisierte Arbeitnehmer. Zu nennen wäre hier der Tarifvertrag im Bereich Nahrung, Genuß, Gaststätten. Ob der jeweilige Tarifvertrag allgemeinverbindlich ist, geht nicht aus dem Tarifvertrag selbst hervor, sondern muß nachgeprüft werden. Tarifverträge, die nicht allgemeinverbindlich sind, gelten nur für Gewerkschaftsmitglieder!

Einzelne Klauseln eines Arbeitsvertrages sind nicht wirksam, wenn sie zwingenden Rechtsvorschriften widersprechen, z. B. gesetzlichen Vorschriften für Lohn- oder Gehaltsfortzahlung im Krankheitsfall (z. B. § 616 Abs. 2 BGB - Lohnfortzahlung für Angestellte und § 1 Lohnfortzahlungsgesetz).

(2) Der Anspruch eines Angestellten (§§ 2 und 3 des Angestelltenversicherungsgesetzes[3]) auf Vergütung kann für den Krankheitsfall sowie für die Fälle der Sterilisation und des Abbruchs der Schwangerschaft durch einen Arzt nicht durch Vertrag ausgeschlossen oder beschränkt werden. Hierbei gilt als verhältnismäßig nicht erheblich eine Zeit von sechs Wochen, wenn nicht durch Tarifvertrag eine andere Dauer bestimmt ist. Eine nicht rechtswidrige Sterilisation und ein nicht rechtswidriger Abbruch der Schwangerschaft durch einen Arzt gelten als unverschuldete Verhinderung an der Dienstleistung. Der Angestellte behält diesen Anspruch auch dann, wenn der Arbeitgeber das Arbeitsverhältnis aus Anlaß des Krankheitsfalls kündigt. Das gleiche gilt, wenn der Angestellte das Arbeitsverhältnis aus einem vom Arbeitgeber zu vertretenden Grunde kündigt, der den Angestellten zur Kündigung aus wichtigem Grund ohne Einhaltung einer Kündigungsfrist berechtigt.

---

[3] Abgedruckt unter Nr. **9a**.

C § 1 Lohnfortzahlungsgesetz:

§ 1. Grundsatz der Entgeltfortzahlung. (1) Wird ein Arbeiter nach Beginn der Beschäftigung durch Arbeitsunfähigkeit infolge Krankheit an seiner Arbeitsleistung verhindert, ohne daß ihn ein Verschulden trifft, so verliert er dadurch nicht den Anspruch auf Arbeitsentgelt für die Zeit der Arbeitsunfähigkeit bis zur Dauer von sechs Wochen. Wird der Arbeiter innerhalb von zwölf Monaten infolge derselben Krankheit wiederholt arbeitsunfähig, so verliert er den Anspruch auf Arbeitsentgelt nur für die Dauer von insgesamt sechs Wochen nicht; war der Arbeiter vor der erneuten Arbeitsunfähigkeit jedoch mindestens sechs Monate nicht infolge derselben Krankheit arbeitsunfähig, so verliert er wegen der erneuten Arbeitsunfähigkeit den Anspruch nach Satz 1 für einen weiteren Zeitraum von höchstens sechs Wochen nicht.

(2) Absatz 1 gilt entsprechend, wenn die Arbeitsunfähigkeit infolge Sterilisation oder infolge Abbruchs der Schwangerschaft durch einen Arzt eintritt. Eine nicht rechtswidrige Sterilisation und ein nicht rechtswidriger Abbruch der Schwangerschaft durch einen Arzt gelten als unverschuldete Verhinderung an der Arbeitsleistung.

(3) Absatz 1 und 2 gelten nicht

1. für Arbeiter, deren Arbeitsverhältnis, ohne ein Probearbeitsverhältnis zu sein, für eine bestimmte Zeit, höchstens für vier Wochen, begründet ist. Wird das Arbeitsverhältnis über vier Wochen hinaus fortgesetzt, so gilt Absatz 1 vom Tage der Vereinbarung der Fortsetzung an; vor diesem Zeitpunkt liegende Zeiten der Arbeitsunfähigkeit sind auf die Anspruchsdauer von sechs Wochen anzurechnen;

2. für Arbeiter in einem Arbeitsverhältnis, in dem die regelmäßige Arbeitszeit wöchentlich zehn Stunden oder monatlich fünfundvierzig Stunden nicht übersteigt;

3. für den Zeitraum, für den eine Arbeiterin Anspruch auf Mutterschaftsgeld nach § 200 der Reichsversicherungsordnung oder nach § 13 Abs. 2 des Mutterschutzgesetzes in der Fassung vom 18. April 1968 (Bundesgesetzbl. I S. 315), geändert durch das Einführungsgesetz zum Gesetz über Ordnungswidrigkeiten vom 24. Mai 1968 (Bundesgesetzbl. I S. 503), hat.

(4) Arbeiter im Sinne dieses Gesetzes sind auch die zu ihrer Berufsausbildung Beschäftigten, soweit sie nicht für den Beruf eines Angestellten (§§ 2 und 3 des Angestelltenversicherungsgesetzes) ausgebildet werden.

(5) Dieses Gesetz findet keine Anwendung auf die zu ihrer Berufsausbildung Beschäftigten, denen ein Anspruch auf Fortzahlung ihrer Vergütung im Krankheitsfalle nach dem Berufsbildungsgesetz zusteht.

Die Mindestbedingungen des Bundesurlaubsgesetzes dürfen einzelvertraglich nicht unterschritten, jedoch überschritten werden! Tarifverträge dürfen, soweit sie für die Parteien verbindlich sind, durch Einzelarbeitsverträge nicht unterschritten werden, d. h., daß unterschreitende Vereinbarungen grundsätzlich unwirksam sind, da sie nach § 134 BGB gegen ein gesetzliches Verbot - hier den § 4 Abs. 3 Tarifvertragsgesetz - verstoßen.

§ 134 BGB - "Gesetzliches Verbot":

Ein Rechtsgeschäft, das gegen ein gesetzliches Verbot verstößt, ist nichtig, wenn sich nicht aus dem Gesetz ein anderes ergibt.

§ 4 Abs. 3 Tarifvertragsgesetz (TVG):

Abweichende Abmachungen sind nur zulässig, soweit sie durch den Tarifvertrag gestattet sind oder eine Änderung der Regelung zugunsten des Arbeitnehmers enthalten. (Günstigkeitsprinzip)

Das bedeutet im Einzelfall, daß solche Klauseln auch ohne Nachteile unterschrieben werden können, da sie rechtlich unverbindlich sind! § 139 BGB sagt dazu deutlich:

(Teilnichtigkeit) Ist ein Teil eines Rechtsgeschäfts nichtig, so ist das ganze Rechtsgeschäft nichtig, wenn nicht anzunehmen ist, daß es auch ohne den nichtigen Teil vorgenommen sein würde.

Umkehrschluß: In aller Regel ist ein Arbeitsvertrag gültig, auch wenn einzelne Teile davon nichtig sind!

Probezeit: Eine generelle gesetzliche Regelung über die Dauer der Probezeit existiert nicht. Ausnahmen: Berufsbildungsgesetz - mindestens 1 Monat / höchstens 3 Monate. In einigen Tarifverträgen gibt es eine Begrenzung der Probezeit - beim BAT (Bundesangestelltentarifvertrag) sind es z. B. derzeit 6 Monate.

Arbeitsvertrag für Angestellte unter Verweisung auf einen Tarifvertrag

Zwischen der Firma (Arbeitgeber) .... und Herrn/Frau ...., geboren am ...., wohnhaft in .... (Arbeitnehmer) wird folgender Arbeitsvertrag geschlossen:

§ 1. Inhalt und Beginn des Arbeitsverhältnisses

I. Der Arbeitnehmer tritt ab .... als .... auf unbestimmte Zeit in die Dienste des Arbeitgebers.

II. Für das Arbeitsverhältnis gelten die für den Arbeitgeber geltenden Tarifverträge in der jeweils gültigen Fassung, soweit im folgenden nichts anderes vereinbart ist.

III. Die ersten drei Monate des Arbeitsverhältnisses gelten als Probezeit, während der das Arbeitsverhältnis mit Monatsfrist zum Schluß eines Kalendermonats gekündigt werden kann.

IV. Der Arbeitgeber behält sich vor, dem Arbeitnehmer eine andere zumutbare Tätigkeit innerhalb des Betriebes/der Abteilung zuzuweisen, die den Vorkenntnissen und Fähigkeiten des Arbeitnehmers entspricht. Das Entgelt richtet sich nach Ablauf eines Monats nach der neu zugewiesenen Tätigkeit.

§ 2. Arbeitszeit

I. Die Arbeitszeit richtet sich nach den für den Betrieb geltenden tariflichen und betrieblichen Bestimmungen.

II. Der Arbeitnehmer ist verpflichtet, im Rahmen des Gesetzes oder tariflich zulässige Über- oder Mehrarbeit zu leisten.

§ 3. Arbeitsvergütung

I. Der Arbeitnehmer erhält eine monatliche Arbeitsvergütung (Bruttogehalt)
   a) Gehalt nach Tarifgruppe ..... in Ortsklasse .... im .... Beschäftigungs- bzw. Berufsjahr.
   b) Eine durchschnittliche tarifliche Leistungszulage gemäß § .... GRTV in Höhe von .....
   c) Eine außerordentliche Zulage in Höhe von .....

II. Die außerordentliche Zulage ist jederzeit frei widerruflich und kann bei Änderung des Tariflohns oder der Ortsklasse auf die tariflichen Erhöhungen angerechnet werden.[1]

III. Die Arbeitsvergütung ist jeweils am Monatsende auszuzahlen.

IV. Abtretungen oder Verpfändungen der Arbeitsvergütung sind (ohne vorherige Zustimmung der Firma) unzulässig.

§ 4. Besondere Vergütungen

I. Neben dem in § 3 festgelegten Arbeitsentgelt werden noch folgende besondere Vergütungen gezahlt: ....

II. Soweit dem Arbeitnehmer eine Sondervergütung (Urlaubs- oder Weihnachtsgratifikation, Prämie, Tantieme usw.) gezahlt wird, erfolgt dies freiwillig und unter dem Vorbehalt jederzeitigen Widerrufs. Auch bei wiederholter Zahlung kann hieraus ein Rechtsanspruch nicht hergeleitet werden. Ist das Arbeitsverhältnis gekündigt oder tritt seine Beendigung bis zum Ablauf des auf die Auszahlung folgenden Kalendervierteljahres ein, so entfällt eine Sondervergütung. Bereits gezahlte Leistungen sind, sofern sie 100 DM übersteigen, zurückzugewähren. Sie können bei der nächsten Gehaltszahlung unter Beachtung der Pfändungsfreigrenzen einbehalten werden. Dies gilt dann nicht, wenn das Arbeitsverhältnis aus betriebsbedingten Gründen des Arbeitgebers beendet wird oder der Arbeitnehmer ein Recht zur außerordentlichen Kündigung hat und er sich bei Beendigung des Arbeitsverhältnisses hierauf beruft.[2]

---

[1] A.-H. § 204 VI. 3.4   [2] Vgl. A.-H. § 78 II 6.

C 2 | § 5. Arbeitsfähigkeit

I. Der Arbeitnehmer erklärt, daß er an keiner ansteckenden Krankheit leidet, keine körperlichen oder gesundheitlichen Mängel verschwiegen hat, die der Verrichtung der geschuldeten Arbeitsleistung entgegenstehen, und im Zeitpunkt des Abschlusses des Arbeitsvertrages nicht den Bestimmungen des Mutterschutzgesetzes oder Schwerbehindertengesetzes oder den Landesgesetzen über den Bergmannsversorgungsschein unterliegt.

II. Der Arbeitnehmer ist verpflichtet, im Falle der Dienstverhinderung den Grund und die voraussichtliche Dauer seiner Verhinderung vorher bzw. unverzüglich mitzuteilen und im Falle der Erkrankung diese bis zum Ablauf des 3. Werktages nach Eintritt der Dienstverhinderung nachzuweisen.

§ 6. Verschwiegenheitspflicht

Der Arbeitnehmer ist verpflichtet, über alle Betriebs- und Geschäftsgeheimnisse sowie über alle betriebsinternen vertraulichen Angelegenheiten während und nach Beendigung des Arbeitsverhältnisses Stillschweigen zu bewahren.

§ 7. Nebentätigkeit[1]

I. Der Arbeitnehmer darf nur nach vorheriger Zustimmung des Arbeitgebers eine Nebentätigkeit aufnehmen.

II. Der Arbeitnehmer ist verpflichtet, die Vorbereitung eines eigenen Unternehmens dem Arbeitgeber unverzüglich anzuzeigen.

§ 8. Beendigung des Arbeitsverhältnisses

I. Das Arbeitsverhältnis endet mit Ablauf des Monats, in dem der (die) Arbeitnehmer(in) das 65. (60.) Lebensjahr vollendet.

II. Das Arbeitsverhältnis kann mit sechswöchiger Frist zum Quartalsschluß gekündigt werden. Tritt aufgrund gesetzlicher Vorschriften eine Verlängerung der Kündigungsfrist ein, so gilt die verlängerte Kündigungsfrist für beide Teile.

§ 9. Gerichtsstand

Für Rechtsstreitigkeiten aus dem Arbeitsverhältnis, seiner Beendigung und Abwicklung ist das Arbeitsgericht des jeweiligen Erfüllungsortes der streitigen Verpflichtung in .... zuständig.

§ 10

Änderungen dieses Vertrages bedürfen zu ihrer Wirksamkeit der Schriftform.

§ 11. Personalfragebogen

Die Angaben im Personalfragebogen/Einstellungsfragebogen sind Bestandteil des Arbeitsvertrages. Die unwahre Beantwortung der Fragen berechtigt zur Anfechtung oder außerordentlichen Kündigung des Arbeitsvertrages.

§ 12. Besondere Vereinbarungen

Herr/Frau .... tritt seine/ihre Schadensersatzansprüche insoweit ab, als er/sie durch einen Dritten verletzt wird und die Firma Vergütungsfortzahlung im Krankheitsfalle leistet.

........................., den ....
(Angabe des Ortes)   (Datum)

....
(Arbeitgeber)   (Arbeitnehmer)

_____
[1] A.-H. § 43 II.

Arbeitsvertrag für Angestellte in Form eines Briefes

Sehr geehrter Herr ....,
Sehr geehrte Frau ....,

unter Bezugnahme auf Ihre Bewerbung vom .... und das mit Ihnen geführte Gespräch vom .... stellen wir Sie mit Wirkung vom .... als .... ein.

Sie erhalten eine monatlich nachträglich fällig werdende Vergütung in Höhe von .... DM brutto. Ferner zahlt die Firma Ihnen freiwillig und unter dem Vorbehalt eines jederzeitigen Widerrufs eine jährliche Weihnachtsgratifikation in Höhe von ....

Steuerkarte und Sozialversicherungs-Nachweisheft sind bei Dienstantritt vorzulegen.

Für die Zeit vom .... bis .... werden Sie zur Probe beschäftigt. Während der Probezeit kann das Arbeitsverhältnis mit monatlicher Frist zum Monatsschluß gekündigt werden. Nach Ablauf der Probezeit gilt eine Kündigungsfrist von 6 Wochen zum Quartalsschluß. Verlängert sich kraft Gesetzes oder Tarifvertrages die Kündigungsfrist für die Firma, so gilt dies auch für Sie.

Nebenbeschäftigungen sind nur mit ausdrücklicher Genehmigung der Firma zulässig. Artikel in Fachzeitschriften über ein Gebiet unserer Fabrikation sind vor ihrer Veröffentlichung der Firma vorzulegen. Sie sind während und nach Beendigung des Arbeitsverhältnisses verpflichtet, über alle betrieblichen Angelegenheiten Stillschweigen zu bewahren.

Für das Arbeitsverhältnis gelten die für den Betrieb geltenden Tarifverträge in ihrer jeweiligen Fassung. Die Betriebsordnung, die Ihnen bei Diensantritt ausgehändigt wird / Ihnen bei der Vorstellung ausgehändigt worden ist, ist Bestandteil des Arbeitsvertrages.

Falls Sie mit vorstehenden Bedingungen einverstanden sind, bitten wir, eine Durchschrift des Schreibens unterschrieben an uns zurückzusenden.

In der Hoffnung auf eine angenehme Zusammenarbeit

- Unterschrift -

C 2   Ü4   S. 52

Arbeitsvertrag für Arbeiter

Zwischen Herrn/Frau .... (Arbeitnehmer) und der Firma ....
(Arbeitgeber) wird folgender Arbeitsvertrag geschlossen:

§ 1

  Der Arbeitnehmer wird als .... eingestellt.

§ 2

  I. Das Arbeitsverhältnis beginnt mit dem .... Vor Beginn des Arbeitsverhältnisses ist eine Kündigung ausgeschlossen.
  II. Die ersten drei Monate des Arbeitsverhältnisses gelten als Probezeit.
  III. Das Arbeitsverhältnis endet mit Ablauf der Probezeit, sofern es nicht zuvor
verlängert wird. Während der Probezeit kann das Arbeitsverhältnis mit zweiwöchentlicher Frist gekündigt werden.

oder:

  II. Die ersten drei Monate gelten als Probezeit. Während der Probezeit kann das
Arbeitsverhältnis mit zweiwöchentlicher Frist gekündigt werden.

§ 3

  I. Die Arbeitszeit beträgt .... Wochenstunden.
  II. Der Arbeitnehmer ist verpflichtet, Mehr- und Überstunden in gesetzlich vorge-
sehenem Umfang zu leisten.
  III. Der Arbeitnehmer ist verpflichtet, Nacht-/Schicht-/Sonntagsarbeit im gesetzlich zulässigen Umfang zu leisten.

§ 4

  I. Der Arbeitnehmer erhält einen Stundenlohn von .... DM.
  II. Darüber hinaus erhält er eine Zulage in Höhe von .... DM.

§ 5

  Tritt der Arbeitnehmer ohne rechtfertigenden Grund die Arbeit nicht an oder löst er
vertragswidrig das Arbeitsverhältnis, so verpflichtet er sich, eine Vertragsstrafe in
Höhe eines Wochenlohnes an den Arbeitgeber zu zahlen. Hiervon unberührt bleibt die
Verpflichtung zum Ersatz eines weitergehenden Schadens.

§ 6

  Im übrigen gelten die Bestimmungen des für den Betrieb geltenden Rahmentarifver-
trages in seiner jeweils gültigen Fassung.

........................., den ....
(Angabe des Ortes)   (Datum)

....
(Arbeitgeber)   (Arbeitnehmer)

Berufsausbildungsvertrag

(§§ 3, 4 Berufsbildungsgesetz – BBiG)

_____ Zwischen dem nebenbezeichneten

_____ Ausbildenden (Unternehmen)

_____

_____

und _____ (Auszubildender)

in_____Straße _____

geb. am_____ gesetzlich vertreten durch[1] _____

_____

in _____ Straße

wird nachstehender Vertrag zur Ausbildung im Ausbildungsberuf

_____

nach Maßgabe der Ausbildungsordnung[2] geschlossen:

[1] Vertretungsberechtigt sind beide Eltern gemeinsam, soweit nicht die Vertretungsberechti-
gung nur einem Elternteil zusteht. Ist ein Vormund bestellt, so bedarf dieser zum Abschluß
des Ausbildungsvertrages der Genehmigung des Vormundschaftsgerichtes.
[2] Solange die Ausbildungsordnung nicht erlassen ist, sind gem. § 108 Abs. 1 BBiG und § 122
Abs. 5 HwO die bisherigen Ordnungsmittel anzuwenden.

§ 1 – Ausbildungszeit

1. (Dauer)

Die Ausbildungszeit beträgt nach der Ausbildungordnung

_____ Jahre.

Hierauf wird die Berufsausbildung zum _____

eine Vorbildung/Ausbildung in _____

mit _____ Monaten angerechnet.

Das Berufsausbildungsverhältnis beginnt am _____ und

endet am _____

2. (Probezeit)

Die Probezeit beträgt _____ Monate[3]). Wird die Ausbildung
während der Probezeit um mehr als ein Drittel dieser Zeit unter-
brochen, so verlängert sich die Probezeit um den Zeitraum der
Unterbrechung.

3. (Vorzeitige Beendigung des Berufsausbildungsverhältnisses)

Besteht der Auszubildende vor Ablauf der unter Nr. 1 vereinbarten Ausbildungszeit die Abschlußprüfung, so endet das Berufsausbildungsverhältnis mit Bestehen der Abschlußprüfung.

4. (Verlängerung des Berufsausbildungsverhältnisses)

Besteht der Auszubildende die Abschlußprüfung nicht, so verlängert sich das Berufsausbildungsverhältnis auf sein Verlangen bis zur nächstmöglichen Wiederholungsprüfung, höchstens um ein Jahr.

[3] Die Probezeit muß mindestens einen Monat und darf höchstens drei Monate betragen.

§ 2 – Ausbildungsstätte(n)

Die Ausbildung findet vorbehaltlich der Regelungen nach § 3 Nr.
12 in

_____

_____

und den mit dem Betriebssitz für die Ausbildung üblicherweise
zusammenhängenden Bau-, Montage- und sonstigen Arbeitsstel-
len statt.

§ 3 – Pflichten des Ausbildenden

Der Ausbildende verpflichtet sich,

1. (Ausbildungsziel)

dafür zu sorgen, daß dem Auszubildenden die Fertigkeiten und
Kenntnisse vermittelt werden, die zum Erreichen des Ausbil-
dungszieles nach der Ausbildungsordnung erforderlich sind,
und die Berufsausbildung nach den beigefügten Angaben zur
sachlichen und zeitlichen Gliederung des Ausbildungsablaufs
so durchzuführen, daß das Ausbildungsziel in der vorgesehe-
nen Ausbildungszeit erreicht werden kann;

2. (Ausbilder)

selbst auszubilden oder einen persönlich und fachlich geeigneten Ausbilder ausdrücklich damit zu beauftragen und diesen
dem Auszubildenden jeweils schriftlich bekanntzugeben;

3. (Ausbildungsordnung)

dem Auszubildenden vor Beginn der Ausbildung die Ausbildungsordnung kostenlos auszuhändigen;

4. (Ausbildungsmittel)

dem Auszubildenden kostenlos die Ausbildungsmittel, insbesondere Werkzeuge, Werkstoffe und Fachliteratur zur Verfügung zu stellen, die für die Ausbildung in den betrieblichen und
überbetrieblichen Ausbildungsstätten und zum Ablegen von
Zwischen- und Abschlußprüfungen, auch soweit solche nach
Beendigung des Berufsausbildungsverhältnisses und in zeitli-
chem Zusammenhang damit stattfinden, erforderlich sind[4]);

5. (Besuch der Berufsschule und von Ausbildungsmaßnahmen
außerhalb der Ausbildungsstätte)

den Auszubildenden zum Besuch der Berufsschule anzuhalten
und freizustellen. Das gleiche gilt, wenn Ausbildungsmaßnahmen außerhalb der Ausbildungsstätte vorgeschrieben oder
nach Nr. 12 durchzuführen sind;

6. (Berichtsheftführung)

dem Auszubildenden vor Ausbildungsbeginn und später die
Berichtshefte für die Berufsausbildung kostenfrei auszuhändigen und ihm Gelegenheit zu geben, das Berichtsheft in der
Form eines Ausbildungsnachweises während der Ausbildungszeit zu führen, sowie die ordnungsgemäße Führung durch regelmäßige Abzeichnung zu überwachen, soweit Berichtshefte
im Rahmen der Berufsausbildung verlangt werden;

7. (Ausbildungsbezogene Tätigkeiten)

dem Auszubildenden nur Verrichtungen zu übertragen, die
dem Ausbildungszweck dienen und seinen körperlichen Kräf-
ten angemessen sind;

8. (Sorgepflicht)

dafür zu sorgen, daß der Auszubildende charakterlich gefördert sowie sittlich und körperlich nicht gefährdet wird;

[4] Der Auszubildende kann das Prüfungsstück gegen Erstattung der Materialselbstkosten erwerben.

C 3

9. (Ärztliche Untersuchungen)

von dem jugendlichen Auszubildenden sich Bescheinigungen gemäß §§ 32, 33 Jugendarbeitsschutzgesetz darüber vorlegen zu lassen, daß dieser

a) vor der Aufnahme der Ausbildung untersucht und

b) vor Ablauf des ersten Ausbildungsjahres nachuntersucht worden ist;

10. (Eintragungsantrag)

unverzüglich nach Abschluß des Berufsausbildungsvertrages die Eintragung in das Verzeichnis der Berufsausbildungsverhältnisse bei der zuständigen Stelle unter Beifügung der Vertragsniederschriften und – bei Auszubildenden unter 18 Jahren – einer Kopie oder Mehrfertigung der ärztlichen Bescheinigung über die Erstuntersuchung gemäß § 32 Jugendarbeitsschutzgesetz zu beantragen; entsprechendes gilt bei späteren Änderungen des wesentlichen Vertragsinhaltes;

11. (Anmeldung zu Prüfungen)

den Auszubildenden rechtzeitig zu den angesetzten Zwischen- und Abschlußprüfungen anzumelden und für die Teilnahme freizustellen sowie der Anmeldung zur Zwischenprüfung bei Auszubildenden unter 18 Jahren eine Kopie oder Mehrfertigung der ärztlichen Bescheinigung über die erste Nachuntersuchung gemäß § 33 Jugendarbeitsschutzgesetz beizufügen;

12. (Ausbildungsmaßnahmen außerhalb der Ausbildungsstätte)

---

§ 4 – Pflichten des Auszubildenden

Der Auszubildende hat sich zu bemühen, die Fertigkeiten und Kenntnisse zu erwerben, die erforderlich sind, um das Ausbildungsziel zu erreichen. Er verpflichtet sich insbesondere,

1. (Lernpflicht)

die ihm im Rahmen seiner Berufsausbildung übertragenen Verrichtungen und Aufgaben sorgfältig auszuführen;

2. (Berufsschulunterricht, Prüfungen und sonstige Maßnahmen)

am Berufsschulunterricht und an Prüfungen sowie an Ausbildungsmaßnahmen außerhalb der Ausbildungsstätte teilzunehmen, für die er nach § 3 Nr. 5 und 12 freigestellt wird;

3. (Weisungsgebundenheit)

den Weisungen zu folgen, die ihm im Rahmen der Berufsausbildung vom Ausbildenden, vom Ausbilder oder von anderen weisungsberechtigten Personen, soweit sie als weisungsberechtigt bekannt gemacht worden sind, erteilt werden;

4. (Betriebliche Ordnung)

die für die Ausbildungsstätte geltende Ordnung zu beachten;

5. (Sorgfaltspflicht)

Werkzeug, Maschinen und sonstige Einrichtungen pfleglich zu behandeln und sie nur zu den ihm übertragenen Arbeiten zu verwenden;

6. (Betriebsgeheimnisse)

über Betriebs- und Geschäftsgeheimnisse Stillschweigen zu wahren;

7. (Berichtsheftführung)

ein vorgeschriebenes Berichtsheft ordnungsgemäß zu führen und regelmäßig vorzulegen;

8. (Benachrichtigung)

bei Fernbleiben von der betrieblichen Ausbildung, vom Berufsschulunterricht oder von sonstigen Ausbildungsveranstaltungen dem Ausbildenden unter Angabe von Gründen unverzüglich Nachricht zu geben und ihm bei Krankheit oder Unfall spä-

---

testens am dritten Tag eine ärztliche Bescheinigung zuzuleiten;

9. (Ärztliche Untersuchungen)

soweit auf ihn die Bestimmungen des Jugendarbeitsschutzgesetzes Anwendung finden, sich gemäß §§ 32 und 33 dieses Gesetzes ärztlich

a) vor Beginn der Ausbildung untersuchen

b) vor Ablauf des ersten Ausbildungsjahres nachuntersuchen

zu lassen

und die Bescheinigungen hierüber dem Ausbildenden vorzulegen.

---

§ 5 – Vergütung und sonstige Leistungen

1. (Höhe und Fälligkeit)

Der Ausbildende zahlt dem Auszubildenden eine angemessene Vergütung; sie beträgt z. Z. monatlich

DM _____ brutto im ersten Ausbildungsjahr

DM _____ brutto im zweiten Ausbildungsjahr

DM _____ brutto im dritten Ausbildungsjahr

DM _____ brutto im vierten Ausbildungsjahr

Soweit Vergütungen tariflich geregelt sind, gelten mindestens die tariflichen Sätze.

Eine über die vereinbarte regelmäßige Ausbildungszeit hinausgehende Beschäftigung wird besonders vergütet.

Die Vergütung wird spätestens am letzten Arbeitstag des Monats gezahlt. Das auf die Urlaubszeit entfallende Entgelt (Urlaubsentgelt) wird vor Antritt des Urlaubs ausgezahlt.

Die Beiträge für die Sozialversicherung tragen die Vertragschließenden nach Maßgabe der gesetzlichen Bestimmungen.

2. (Sachleistungen)

Soweit der Ausbildende dem Auszubildenden Kost und/oder Wohnung gewährt, gilt die in der Anlage beigefügte Regelung.

3. (Kosten für Maßnahmen außerhalb der Ausbildungsstätte)

Der Ausbildende trägt die Kosten für Maßnahmen außerhalb der Ausbildungsstätte gemäß § 3 Nr. 5, soweit sie nicht anderweitig gedeckt sind. Ist eine auswärtige Unterbringung erforderlich, so können dem Auszubildenden anteilige Kosten für Verpflegung in dem Umfang in Rechnung gestellt werden, in dem dieser Kosten einspart. Die Anrechnung von anteiligen Kosten und Sachbezugswerten nach § 10 (2) BBiG darf 50% der vereinbarten Bruttovergütung nicht übersteigen.

4. (Berufskleidung)

Wird vom Ausbildenden eine besondere Berufskleidung vorgeschrieben, so wird sie von ihm zur Verfügung gestellt.

5. (Fortzahlung der Vergütung)

Dem Auszubildenden wird die Vergütung auch gezahlt

a) für die Zeit der Freistellung gem. § 3 Nr. 5 und 11 dieses Vertrages sowie gemäß § 10 Abs. 1 Nr. 2 und § 43 Jugendarbeitsschutzgesetz

b) bis zur Dauer von 6 Wochen, wenn er

    aa) sich für die Berufsausbildung bereithält, diese aber ausfällt,

    bb) infolge unverschuldeter Krankheit nicht an der Berufsausbildung teilnehmen kann oder

    cc) aus einem sonstigen, in seiner Person liegenden Grund unverschuldet verhindert ist, seine Pflichten aus dem Berufsausbildungsverhältnis zu erfüllen.

§ 6 – Ausbildungszeit und Urlaub

1. (Tägliche Ausbildungszeit)

Die regelmäßige tägliche Ausbildungszeit beträgt
———— Stunden[5]).

2. (Urlaub)

Der Ausbildende gewährt dem Auszubildenden Urlaub nach den geltenden Bestimmungen. Es besteht ein Urlaubsanspruch

auf ——— Werktage oder ——— Arbeitstage im Jahre ———

auf ——— Werktage oder ——— Arbeitstage im Jahre ———

auf ——— Werktage oder ——— Arbeitstage im Jahre ———

auf ——— Werktage oder ——— Arbeitstage im Jahre ———

auf ——— Werktage oder ——— Arbeitstage im Jahre ———

3. (Lage des Urlaubs)

Der Urlaub soll zusammenhängend und in der Zeit der Berufsschulferien erteilt und genommen werden. Während des Urlaubs darf der Auszubildende keine dem Urlaubszweck widersprechende Erwerbsarbeit leisten.

§ 7 – Kündigung

1. (Kündigung während der Probezeit)

Während der Probezeit kann das Berufsausbildungsverhältnis ohne Einhaltung einer Kündigungsfrist und ohne Angabe von Gründen gekündigt werden.

[5]) Nach dem Jugendarbeitsschutzgesetz beträgt die höchstzulässige tägliche Arbeitszeit (Ausbildungszeit) bei noch nicht 18 Jahre alten Personen 8 Stunden. Im übrigen sind die Vorschriften des Jugendarbeitsschutzgesetzes über die höchstzulässigen Wochenarbeitszeiten zu beachten.

2. (Kündigungsgründe)

Nach der Probezeit kann das Berufsausbildungsverhältnis nur gekündigt werden

a) aus einem wichtigen Grund ohne Einhaltung einer Kündigungsfrist,

b) vom Auszubildenden mit einer Kündigungsfrist von 4 Wochen, wenn er die Berufsausbildung aufgeben oder sich für eine andere Berufstätigkeit ausbilden lassen will.

3. (Form der Kündigung)

Die Kündigung muß schriftlich, im Falle der Nr. 2 unter Angabe der Kündigungsgründe erfolgen.

4. (Unwirksamkeit einer Kündigung)

Eine Kündigung aus einem wichtigen Grund ist unwirksam, wenn die ihr zugrunde liegenden Tatsachen dem zur Kündigung Berechtigten länger als 2 Wochen bekannt sind. Ist ein Schlichtungsverfahren gem. § 9 eingeleitet, so wird bis zu dessen Beendigung der Lauf dieser Frist gehemmt.

5. (Schadensersatz bei vorzeitiger Beendigung)

Wird das Berufsausbildungsverhältnis nach Ablauf der Probezeit vorzeitig gelöst, so kann der Ausbildende oder der Auszubildende Ersatz des Schadens verlangen, wenn der andere den Grund für die Auflösung zu vertreten hat. Das gilt nicht bei Kündigung wegen Aufgabe oder Wechsels der Berufsausbildung (Nr. 2b). Der Anspruch erlischt, wenn er nicht innerhalb von 3 Monaten nach Beendigung des Berufsausbildungsverhältnisses geltend gemacht wird.

6. (Aufgabe des Betriebes, Wegfall der Ausbildungseignung)

Bei Kündigung des Berufsausbildungsverhältnisses wegen Betriebsaufgabe oder wegen Wegfalls der Ausbildungseignung verpflichtet sich der Ausbildende, sich mit Hilfe der Berufsberatung des zuständigen Arbeitsamtes rechtzeitig um eine weitere Ausbildung im bisherigen Ausbildungsberuf in einer anderen geeigneten Ausbildungsstätte zu bemühen.

§ 8 – Zeugnis

Der Ausbildende stellt dem Auszubildenden bei Beendigung des Berufsausbildungsverhältnisses ein Zeugnis aus. Hat der Ausbildende die Berufsausbildung nicht selbst durchgeführt, so soll auch der Ausbilder das Zeugnis unterschreiben. Es muß Angaben enthalten über Art, Dauer und Ziel der Berufsausbildung sowie über die erworbenen Fertigkeiten und Kenntnisse des Auszubildenden, auf Verlangen des Auszubildenden auch Angaben über Führung, Leistung und besondere fachliche Fähigkeiten.

§ 9 – Beilegung von Streitigkeiten

Bei Streitigkeiten aus dem bestehenden Berufsausbildungsverhältnis ist vor Inanspruchnahme des Arbeitsgerichts der nach § 111 Abs. 2 des Arbeitsgerichtsgesetzes errichtete Ausschuß anzurufen.

§ 10 – Erfüllungsort

Erfüllungsort für alle Ansprüche aus diesem Vertrag ist der Ort der Ausbildungsstätte.

§ 11 – Sonstige Vereinbarungen

Rechtswirksame Nebenabreden, die das Berufsausbildungsverhältnis betreffen, können nur durch schriftliche Ergänzung im Rahmen des § 11 dieses Berufsausbildungsvertrages getroffen werden.

Vorstehender Vertrag ist in ———— gleichlautenden Ausfertigungen (bei Mündeln ——— fach) ausgestellt und von den Vertragsschließenden eigenhändig unterschrieben worden.

———————————— ,den ————————

Der Ausbildende:
(Stempel und Unterschrift)

Der Auszubildende

————————————————————
(Voller Vor- und Zuname)

Die gesetzlichen Vertreter des Auszubildenden:
(Falls ein Elternteil verstorben, bitte vermerken)

Vater: ————————————————

und

Mutter: ———————————————

oder

Vormund: ——————————————
(Volle Vor- und Zunamen)

Dieser Vertrag ist in das Verzeichnis der Berufsausbildungsverhältnisse

eingetragen am ————————————————

unter Nr. ———————————————

Vorgemerkt zur Prüfung für ————————————

Siegel

D1 Ein Arbeitgeber kann sich grundsätzlich nicht gegen eine fristgerechte Kündigung durch einen Arbeitnehmer wehren, da das Kündigungsschutzgesetz auf Arbeitgeber keine Anwendung findet.

§ 138 BGB (Sittenwidrigkeitsklausel):

§ 138.* (Sittenwidriges Rechtsgeschäft; Wucher) (1) Ein Rechtsgeschäft, das gegen die guten Sitten verstößt, ist nichtig.

(2) Nichtig ist insbesondere ein Rechtsgeschäft, durch das jemand unter Ausbeutung der Zwangslage, der Unerfahrenheit, des Mangels an Urteilsvermögen oder der erheblichen Willensschwäche eines anderen sich oder einem Dritten für eine Leistung Vermögensvorteile versprechen oder gewähren läßt, die in einem auffälligen Mißverhältnis zu der Leistung stehen.

§ 626 BGB zur "fristlosen Kündigung":

§ 626.[8] [Fristlose Kündigung] (1) Das Dienstverhältnis kann von jedem Vertragteil aus wichtigem Grund ohne Einhaltung einer Kündigungsfrist gekündigt werden, wenn Tatsachen vorliegen, auf Grund derer dem Kündigenden unter Berücksichtigung aller Umstände des Einzelfalles und unter Abwägung der Interessen beider Vertragteile die Fortsetzung des Dienstverhältnisses bis zum Ablauf der Kündigungsfrist oder bis zu der vereinbarten Beendigung des Dienstverhältnisses nicht zugemutet werden kann.

(2) Die Kündigung kann nur innerhalb von zwei Wochen erfolgen. Die Frist beginnt mit dem Zeitpunkt, in dem der Kündigungsberechtigte von den für die Kündigung maßgebenden Tatsachen Kenntnis erlangt. Der Kündigende muß dem anderen Teil auf Verlangen den Kündigungsgrund unverzüglich schriftlich mitteilen.

Eine Begründungspflicht bei Ausspruch der Kündigung besteht nicht! Allerdings muß der Arbeitgeber im Falle eines Kündigungsschutzprozesses die Kündigungsgründe darlegen und beweisen.

Fristen sind im Kündigungsschutzgesetz § 4 geregelt:

§ 4. Anrufung des Arbeitsgerichtes. Will ein Arbeitnehmer geltend machen, daß eine Kündigung sozial ungerechtfertigt ist, so muß er innerhalb von drei Wochen nach Zugang der Kündigung Klage beim Arbeitsgericht auf Feststellung erheben, daß das Arbeitsverhältnis durch die Kündigung nicht aufgelöst ist. Im Falle des § 2 ist die Klage auf Feststellung zu erheben, daß die Änderung der Arbeitsbedingungen sozial ungerechtfertigt ist. Hat der Arbeitnehmer Einspruch beim Betriebsrat eingelegt (§ 3), so soll er der Klage die Stellungnahme des Betriebsrates beifügen. Soweit die Kündigung der Zustimmung einer Behörde bedarf, läuft die Frist zur Anrufung des Arbeitsgerichtes erst von der Bekanntgabe der Entscheidung der Behörde an den Arbeitnehmer ab.

Die Kündigung ist grundsätzlich bereits "zugegangen", wenn das Kündigungsschreiben in den "Empfangsbereich" des Arbeitnehmers gelangt ist, d. h. entweder im Briefkasten liegt oder auf der Post niedergelegt ist. Eine konkrete Kenntnisnahme ist also generell nicht erforderlich, sondern nur die Möglichkeit dazu. Differenzierte Regelungen gelten im Falle der Urlaubsabwesenheit des Arbeitnehmers. Vom Tage des Zugangs an läuft die Klagefrist nur 3 Wochen nach § 4 Kündigungsschutzgesetz (KSchG). Es handelt sich um eine starre Ausschlußfrist, die, nur von einer gesetzlichen Ausnahme abgesehen, nicht überschritten werden darf.

Richter am Arbeitsgericht müssen grundsätzlich zunächst einen Gütetermin ansetzen, bei dem versucht werden soll, eine Einigung zwischen den Parteien (Arbeitgeber und Arbeitnehmer) herbeizuführen; siehe dazu § 54 Arbeitsgerichtsgesetz (ArbGG):

§ 54. Güteverfahren. (1) Die mündliche Verhandlung beginnt mit einer Verhandlung vor dem Vorsitzenden zum Zwecke der gütlichen Einigung der Parteien (Güteverhandlung). Der Vorsitzende hat zu diesem Zwecke das gesamte Streitverhältnis mit den Parteien unter freier Würdigung aller Umstände zu erörtern. Zur Aufklärung des Sachverhalts kann er alle Handlungen vornehmen, die sofort erfolgen können. Eidliche Vernehmungen sind jedoch ausgeschlossen.

(2) Die Klage kann bis zum Stellen der Anträge ohne Einwilligung des Beklagten zurückgenommen werden. In der Güteverhandlung erklärte gerichtliche Geständnisse nach § 288 der Zivilprozeßordnung haben nur dann bindende Wirkung, wenn sie zu Protokoll erklärt worden sind. § 39 Satz 1 und § 282 Abs. 3 Satz 1 der Zivilprozeßordnung sind nicht anzuwenden.

(3) Das Ergebnis der Güteverhandlung, insbesondere der Abschluß eines Vergleichs, ist in die Niederschrift aufzunehmen.

(4) Erscheint eine Partei in der Güteverhandlung nicht oder ist die Güteverhandlung erfolglos, schließt sich die weitere Verhandlung unmittelbar an oder es ist, falls der weiteren Verhandlung Hinderungsgründe entgegenstehen, Termin zur streitigen Verhandlung zu bestimmen; diese hat alsbald stattzufinden.

(5) Erscheinen oder verhandeln beide Parteien in der Güteverhandlung nicht, ist das Ruhen des Verfahrens anzuordnen. Auf Antrag einer Partei ist Termin zur streitigen Verhandlung zu bestimmen. Dieser Antrag kann nur innerhalb von sechs Monaten nach der Güteverhandlung gestellt werden; § 251 Abs. 2 der Zivilprozeßordnung ist nicht anzuwenden. Nach Ablauf der Frist ist § 269 Abs. 3 der Zivilprozeßordnung entsprechend anzuwenden.

Der Arbeitgeber muß nach § 1 Kündigungsschutzgesetz für eine fristgerechte Kündigung Gründe in der Person oder im Verhalten des Arbeitnehmers oder betriebliche Gründe haben:

D1

§ 1. Sozial ungerechtfertigte Kündigungen. (1) Die Kündigung des Arbeitsverhältnisses gegenüber einem Arbeitnehmer, dessen Arbeitsverhältnis in demselben Betrieb oder Unternehmen ohne Unterbrechung länger als sechs Monate bestanden hat, ist rechtsunwirksam, wenn sie sozial ungerechtfertigt ist.

(2) Sozial ungerechtfertigt ist die Kündigung, wenn sie nicht durch Gründe, die in der Person oder in dem Verhalten des Arbeitnehmers liegen, oder durch dringende betriebliche Erfordernisse, die einer Weiterbeschäftigung des Arbeitnehmers in diesem Betrieb entgegenstehen, bedingt ist.[1] Die Kündigung ist auch sozial ungerechtfertigt, wenn in Betrieben des privaten Rechts

1. a) die Kündigung gegen eine Richtlinie nach § 95 des Betriebsverfassungsgesetzes verstößt,
   b) der Arbeitnehmer an einem anderen Arbeitsplatz in demselben Betrieb oder in einem anderen Betrieb des Unternehmens weiterbeschäftigt werden kann

und der Betriebsrat oder eine andere nach dem Betriebsverfassungsgesetz insoweit zuständige Vertretung der Arbeitnehmer aus einem dieser Gründe der Kündigung innerhalb der Frist des § 102 Abs. 2 Satz 1 des Betriebsverfassungsgesetzes schriftlich widersprochen hat,

2. in Betrieben und Verwaltungen des öffentlichen Rechts
   a) die Kündigung gegen eine Richtlinie über die personelle Auswahl bei Kündigungen verstößt,
   b) der Arbeitnehmer an einem anderen Arbeitsplatz in derselben Dienststelle oder in einer anderen Dienststelle desselben Verwaltungszweiges an demselben Dienstort einschließlich seines Einzugsgebietes weiterbeschäftigt werden kann

und die zuständige Personalvertretung aus einem dieser Gründe fristgerecht gegen die Kündigung Einwendungen erhoben hat, es sei denn, daß die Stufenvertretung in der Verhandlung mit der übergeordneten Dienststelle die Einwendungen nicht aufrechterhalten hat.

Satz 2 gilt entsprechend, wenn die Weiterbeschäftigung des Arbeitnehmers nach zumutbaren Umschulungs- oder Fortbildungsmaßnahmen oder eine Weiterbeschäftigung des Arbeitnehmers unter geänderten Arbeitsbedingungen möglich ist und der Arbeitnehmer sein Einverständnis hiermit erklärt hat. Der Arbeitgeber hat die Tatsachen zu beweisen, die die Kündigung bedingen.

(3) Ist einem Arbeitnehmer aus dringenden betrieblichen Erfordernissen im Sinne des Absatzes 2 gekündigt worden, so ist die Kündigung trotzdem sozial ungerechtfertigt, wenn der Arbeitgeber bei der Auswahl des Arbeitnehmers soziale Gesichtspunkte nicht oder nicht ausreichend berücksichtigt hat; auf Verlangen des Arbeitnehmers hat der Arbeitgeber dem Arbeitnehmer die Gründe anzugeben, die zu der getroffenen sozialen Auswahl geführt haben. Satz 1 gilt nicht, wenn betriebstechnische, wirtschaftliche oder sonstige berechtigte betriebliche Bedürfnisse die Weiterbeschäftigung eines oder mehrerer bestimmter Arbeitnehmer bedingen und damit der Auswahl nach sozialen Gesichtspunkten entgegenstehen. Der Arbeitnehmer hat die Tatsachen zu beweisen, die die Kündigung als sozial ungerechtfertigt im Sinne des Satzes 1 erscheinen lassen.

---

[1] Siehe dazu Art. 6 § 5 des Rentenreformgesetzes vom 16. 10. 1972 (BGBl. I S. 1965):
„(1) Die Tatsache, daß ein Arbeitnehmer berechtigt ist, vor Vollendung des 65. Lebensjahres Altersruhegeld der gesetzlichen Rentenversicherung zu beantragen, ist nicht als ein die Kündigung des Arbeitsverhältnisses durch den Arbeitgeber bedingender Grund im Sinne des § 1 Abs. 2 Satz 1 des Kündigungsschutzgesetzes anzusehen; sie kann auch nicht bei der sozialen Auswahl nach § 1 Abs. 3 Satz 1 des Kündigungsschutzgesetzes zum Nachteil des Arbeitnehmers berücksichtigt werden.
(2) Eine Vereinbarung, die die Beendigung des Arbeitsverhältnisses eines Arbeitnehmers ohne Kündigung zu einem Zeitpunkt vorsieht, in dem der Arbeitnehmer vor Vollendung des 65. Lebensjahres Altersruhegeld der gesetzlichen Rentenversicherung beantragen kann, gilt dem Arbeitnehmer gegenüber als auf die Vollendung des 65. Lebensjahres abgeschlossen, es sei denn, daß dieser die Vereinbarung innerhalb der letzten drei Jahre vor dem Zeitpunkt, in dem er erstmals den Antrag stellen könnte, schriftlich bestätigt.“

Sind solche Gründe nicht vorhanden, ist eine fristgerechte Kündigung grundsätzlich sozial ungerechtfertigt, wenn zwei weitere Voraussetzungen des Kündigungsschutzgesetzes vorliegen:
1. ein halbes Jahr Betriebszugehörigkeit;
2. der Betrieb muß in der Regel mehr als 5 Arbeitnehmer beschäftigen.

§ 23 Absatz 1 Satz 2 KSchG:

§ 23. Geltungsbereich. (1) Die Vorschriften des Ersten und Zweiten Abschnitts gelten für Betriebe und Verwaltungen des privaten und des öffentlichen Rechts, vorbehaltlich der Vorschriften des § 24 für die Seeschiffahrts-, Binnenschiffahrts- und Luftverkehrsbetriebe. Die Vorschriften des ersten Abschnitts gelten nicht für Betriebe und Verwaltungen, in denen in der Regel fünf oder weniger Arbeitnehmer ausschließlich der Lehrlinge beschäftigt werden.

(2) Die Vorschriften des Dritten Abschnitts gelten für Betriebe und Verwaltungen des privaten Rechts sowie für Betriebe, die von einer öffentlichen Verwaltung geführt werden, soweit sie wirtschaftliche Zwecke verfolgen. Sie gelten nicht für Seeschiffe und ihre Besatzung.

Die Regeln für eine Klage gegen eine Kündigung werden durch die Zivilprozeßordnung (ZPO) und Regeln im Kündigungsschutz- und Arbeitsgerichtsgesetz festgelegt.

Für die Kündigungsschutzklage sind grundsätzlich 2 Gerichtsstände möglich:
1. Sitz der Firma
2. Erfüllungsort, d. h. der Ort, an dem der Arbeitnehmer seine Arbeitsleistung erbringt.

Eine bei einem örtlich nicht zuständigen Arbeitsgericht rechtzeitig eingereichte Klage gegen eine Kündigung wahrt die Klagefrist von 3 Wochen auch dann, wenn die Kündigungsschutzklage erst nach Ablauf von 3 Wochen bei dem örtlich zuständigen Arbeitsgericht eingeht.

D 1

Muster für die Formulierung einer Klageschrift gegen eine Kündigung

An das
Arbeitsgericht ....
Straße und Nummer

Ort   ...., den ....

                                                        (Ort)   (Datum)

K L A G E

der kaufmännischen Angestellten Frieda Küchler,
Beschwerdestraße 8, 2800 Bremen 1,

                                         - Klägerin -

g e g e n

den Kaufmann Bruno Frech, Inhaber der Firma Rapido,
Steilhang 52, 2800 Bremen 1,

                                         - Beklagten -

wegen Unwirksamkeit der Kündigung

                     wird beantragt, festzustellen,

           1. daß das Arbeitsverhältnis durch die fristgerechte
              Kündigung vom (Datum) ...... nicht aufgelöst
              worden ist, sondern über den genannten Zeitraum
              hinaus fortbesteht;

           2. daß der Beklagte die Kosten des Rechtsstreits trägt.

           Begründung:

           Die Klägerin ist bei dem Beklagten seit dem
           ... (Datum) als kaufmännische Angestellte be-
           schäftigt. Sie ist nach dem Inhalt des Arbeits-
           vertrages vom ... (Datum) für die Arbeitsbe-
           reiche Büroorganisation und Kundenbetreuung
           zuständig.

                 Beweis: Vorlage des Arbeitsvertrages
                          als Anlage in Kopie

           Zuletzt erhielt die Klägerin ein monatliches
           Bruttogehalt von ....DM.

           Der Beklagte beschäftigt regelmäßig mehr als
           5 Arbeitnehmer.

           Die Voraussetzungen des Kündigungsschutzge-
           setzes finden Anwendung.

           Mit Schreiben vom ...., das der Klägerin
           am selben Tage zuging, hat der Beklagte das

Arbeitsverhältnis fristgemäß zum ....
gekündigt. Die Kündigung wird mit angeblichen
grundlegenden Änderungen der Betriebsorganisation begründet.

Beweis: Vorlage des Kündigungsschreibens
als Anlage in Kopie

Was darunter zu verstehen ist, entzieht sich
der Kenntnis der Klägerin. Zumindest ist eine
Änderung der Betriebsorganisation kein Kündigungsgrund.

Gründe zu einer fristgemäßen Kündigung im
Sinne des § 1 Kündigungsschutzgesetz sind
daher nicht gegeben.

- Unterschrift -

MERKE:

Eine Klage beim Arbeitsgericht muß in doppelter Ausfertigung eingereicht werden.

Kläger und Beklagte müssen mit Namen, Beruf oder Gewerbe und mit den vollständigen
Anschriften aufgeführt sein.

Die Bezeichnung des Gerichts, an das die Klage gerichtet wird, muß vollständig sein.

Die Klage muß den Gegenstand und den Grund des erhobenen Anspruchs enthalten.

Weiterhin muß die Klage einen bestimmten Antrag unter Angabe der tatsächlichen Verhältnisse enthalten, die den Antrag begründen.

Angegeben werden müssen die Beweismittel, die die aufgestellten Behauptungen bele-
gen/nachweisen.

Urkunden/Verträge/Briefe/Abrechnungen und anderes, auf die in der Klage Bezug genommen wird, müssen in Kopie die Klage begleiten. Sollten Zeugen aufgeführt werden,
so muß deren vollständige Anschrift angegeben sein.

Jeder Arbeitgeber kann sich in der I. Instanz beim Arbeitsgericht selbst vertreten
- hier besteht kein Anwaltszwang! Die Gerichtsgebühren sind aufgrund gesetzlicher
Vorschriften im Bereich der Arbeitsgerichtsbarkeit grundsätzlich durchschnittlich
sehr viel geringer als in anderen Gerichtszweigen. Vgl. § 12 Arbeitsgerichtsgesetz
und Verzeichnis der Anlage 1 zum Arbeitsgerichtsgesetz:

§ 12. Kosten. (1) Im Urteilsverfahren (§ 2 Abs. 5) werden Gebühren nach dem Verzeichnis der Anlage 1 zu diesem Gesetz erhoben.

(2) Im Verfahren vor dem Arbeitsgericht wird eine einmalige Gebühr bis zu höchstens fünfhundert Deutsche Mark erhoben. Die einmalige Gebühr bestimmt sich nach der Tabelle der Anlage 2 zu diesem Gesetz. Der Mindestbetrag einer Gebühr ist drei Deutsche Mark.

(3) Im Verfahren vor dem Landesarbeitsgericht und dem Bundesarbeitsgericht vermindern sich die Gebühren der Tabelle, die dem Gerichtskostengesetz als Anlage 2 beigefügt ist, um zwei Zehntel. Im übrigen betragen die Gebühr für das Verfahren und die Gebühr für das Urteil im Verfahren vor dem Landesarbeitsgericht das Eineinhalbfache und im Verfahren vor dem Bundesarbeitsgericht das Doppelte der Gebühr.

(4) Kosten werden erst fällig, wenn das Verfahren in dem jeweiligen Rechtszug beendet ist, sechs Monate geruht hat oder sechs Monate von den Parteien nicht betrieben worden ist. Kostenvorschüsse werden nicht erhoben; dies gilt für die Zwangsvollstreckung auch dann, wenn das Amtsgericht Vollstreckungsgericht ist. Die Gerichtsvollzieher dürfen Gebührenvorschüsse nicht erheben. Soweit ein Kostenschuldner nach § 54 Nr. 1 oder 2 des Gerichtskostengesetzes haftet, ist § 49 Satz 1 des Gerichtskostengesetzes nicht anzuwenden.

(5) In Verfahren nach § 2a Abs. 1, § 103 Abs. 3, § 108 Abs. 3 und § 109 werden Kosten nicht erhoben.

(5a) Kosten für vom Gericht herangezogene Dolmetscher und Übersetzer werden nicht erhoben, wenn ein Ausländer Partei und die Gegenseitigkeit verbürgt oder ein Staatenloser Partei ist.

(6) Die Verordnung über Kosten im Bereich der Justizverwaltung gilt entsprechend. Bei Einziehung der Gerichts- und Verwaltungskosten leisten die Vollstreckungsbehörden der Justizverwaltung oder die sonst nach Landesrecht zuständigen Stellen den Gerichten für Arbeitssachen Amtshilfe.

(7) Für die Wertberechnung bei Rechtsstreitigkeiten über das Bestehen, das Nichtbestehen oder die Kündigung eines Arbeitsverhältnisses ist höchstens der Betrag des für die Dauer eines Vierteljahres zu leistenden Arbeitsentgelts maßgebend; eine Abfindung wird nicht hinzugerechnet. Bei Rechtsstreitigkeiten über wiederkehrende Leistungen ist der Wert des dreijährigen Bezugs und bei Rechtsstreitigkeiten über Eingruppierungen der Wert des dreijährigen Unterschiedsbetrages zur begehrten Vergütung maßgebend, sofern nicht der Gesamtbetrag der geforderten Leistungen geringer ist; bis zur Klageerhebung entstandene Rückstände werden nicht hinzugerechnet. § 24 Satz 1 des Gerichtskostengesetzes findet keine Anwendung.

1. Einfaches Zeugnis

Frau Hedwig Knarst, geboren am 4. Februar 1951 in Rinteln, war in der Zeit vom
..... bis ..... in unserem Kundendienstbüro als Beraterin tätig.

2. Einfaches Zeugnis

Herr Rudi Mechtel, geboren am 11. November 1934 in Cuxhaven, war vom ..... bis .....
in unserer Zweigstelle in Hamburg-Eppendorf beschäftigt.
Herr Mechtel leitete dort selbständig das Auslieferungslager für unsere nördlichen
Verkaufsbezirke. Er war auch für die Bearbeitung von Reklamationen zuständig.
Herr Mechtel verläßt uns auf eigenen Wunsch.

3. Qualifiziertes Zeugnis

Herr Max Knautsch, geb. am 31.3.1951, wohnhaft in ....., war vom ..... bis .....
als Tischler in unserer Firma beschäftigt.
Herr Knautsch ist mit allen in einem Tischlereibetrieb anfallenden Arbeiten vertraut
und hat in den letzten zwei Jahren seiner Betriebszugehörigkeit sich besonders auf
den Bau von Giebelfenstern spezialisiert.
Er hat die ihm übertragenen Arbeiten stets mit großer Umsicht und Sorgfalt ausgeführt. Bei den Kunden, Kollegen und Vorgesetzten war er gleichermaßen beliebt.
Herr Knautsch verläßt uns auf eigenen Wunsch, um sich aus gesundheitlichen Gründen
umschulen zu lassen.
Wir wünschen ihm für seinen weiteren Lebensweg viel Glück.

4. Qualifiziertes Zeugnis

Frau Christel Barz, geboren am 21. April 1955 in Schönau, wohnhaft in ....., war
vom ..... bis ..... als medizinisch-technische Assistentin in unserem Labor beschäftigt. Sie war nach kurzer Einarbeitungszeit bereits in der Lage, komplizierte
Experimente durchzuführen und darüber Protokolle anzufertigen. Die ihr gestellten
Aufgaben hat Frau Barz so gut durchgeführt, daß sie ihren Abteilungsleiter weitgehend bei allen Verwaltungsarbeiten entlasten konnte. Frau Barz war uns eine
schnelle und dabei vielseitige und absolut vertrauenswürdige Mitarbeiterin, die bei
ihren Kollegen und Vorgesetzten äußerst beliebt war. Frau Barz verläßt uns, um ins
Ausland zu gehen.
Wir danken Frau Barz für ihre wertvolle Mitarbeit und wünschen ihr für die Zukunft
alles Gute.

Ü2   S. 57

§ 630 BGB sagt:

(Pflicht zur Zeugniserteilung) Bei der Beendigung eines dauernden Dienstverhältnis-
ses kann der Verpflichtete von dem anderen Teile ein schriftliches Zeugnis über das
Dienstverhältnis und dessen Dauer fordern. Das Zeugnis ist auf Verlangen auf die
Leistungen und die Führung im Dienste zu erstrecken.

Wir unterscheiden zwei Formen von Zeugnissen:

1. Einfaches Zeugnis

Es enthält nur Angaben zur Person, Art und Dauer der Beschäftigung = Tatsachenan-
gaben, die wahr und vollständig in bezug auf die bisherige Tätigkeit des Arbeitnehmers und Dauer des Arbeitsverhältnisses sein müssen; bei einer Kündigung durch
den Arbeitnehmer sollte dies im Zeugnis vermerkt sein, um einen eventuell aufkommen-
den Verdacht, dem Arbeitnehmer sei gekündigt worden, auszuschließen. Das einfache
Zeugnis enthält grundsätzlich keine Leistungsbewertung! (s. Beispiele 1 + 2 auf
S. 84)

2. Qualifiziertes Zeugnis

Es wird auf Verlangen des Arbeitnehmers ausgestellt und enthält neben den Angaben
für das "einfache Zeugnis" Auskünfte über Leistung und Führung des Arbeitnehmers,
d. h. es gibt eine Beurteilung über das Verhalten, Wissen und Können ab. Außer-
dienstliches Verhalten darf in der Regel im Zeugnis nicht berücksichtigt werden,
es sei denn, es beeinflußt das Verhalten des Arbeitnehmers im Betrieb und ist für
seine Gesamtbeurteilung typisch und wesentlich. (s. Beispiele 3 + 4 auf S. 84)

In einigen Tarifverträgen ist festgehalten, daß ein Zeugnis zu erteilen ist! Ohne
derartigen Tarifvertrag oder eine entsprechende Klausel im Arbeitsvertrag muß der
Arbeitnehmer das Zeugnis vom Arbeitgeber verlangen! Da ein Zeugnis wahr und vollständig sein muß, ist ein Arbeitgeber gehalten, grundsätzlich auch negative Tatsachen in ein Zeugnis mit aufzunehmen, soweit sie für das Arbeitsverhältnis bestim-
mend waren. Der Arbeitgeber hat jedoch im Falle der Behauptung von negativen Tatsachen und Bewertungen der Arbeitsleistung und einer prozessualen Auseinandersetzung
darüber die Beweislast.
Dies führt dazu, daß negative Bereiche in Zeugnissen verschleiert dargestellt ("Zeug-
niscode") oder gar nicht aufgeführt werden.

Es existiert kein gesetzlich verankerter Anspruch auf Erteilung eines Zwischen-
zeugnisses. Die Rechtsprechung billigt jedoch unter gewissen Voraussetzungen in
Einzelfällen einen solchen Anspruch zu, z. B. bei Bewerbungen innerhalb desselben
Betriebes auf andere Arbeitsplätze.
Beim Wechsel des direkten Vorgesetzten oder bei einer Versetzung innerhalb der
Firma in eine andere Abteilung bzw. auf einen anderen Arbeitsplatz sollte ein Ar-
beitnehmer um die Ausfertigung eines Zwischenzeugnisses bitten.

D 2 ☐ Ü3 S. 57

Hinsichtlich des Zeugniscodes haben sich beispielhaft folgende Bewertungen entwickelt:

Bewertung im Klartext	Zeugnisformulierung
schlecht	Er hat unseren Erwartungen entsprochen.
befriedigend	Er hat unseren Erwartungen in jeder Hinsicht entsprochen.
ziemlich gut	Er hat unseren Erwartungen in bester Weise entsprochen.
gut	Er hat unseren Erwartungen in jeder Hinsicht und bester Weise entsprochen.
sehr gut	Er hat unseren Erwartungen in jeder Hinsicht und in allerbester Weise entsprochen.

Unterdurchschnittliche Leistung

Er hat getan, was er konnte, aber viel ist nicht dabei herausgekommen.	Er hat sich im Rahmen seiner Fähigkeiten eingesetzt.
Eigeninitiative ist nicht seine Stärke.	Er hat alle Arbeiten ordnungsgemäß erledigt.
Mäßige, aber brauchbare Leistung	Er erfüllte seine Aufgaben zu unserer vollen Zufriedenheit.
Für Vorgesetzte ist X ein schwerer Brocken.	Im Kollegenkreis galt X als toleranter Mitarbeiter.
Viele Mitarbeiter sahen X lieber von hinten als von vorne.	Wir lernten X als umgänglichen Kollegen kennen.
Er ist zur Stelle, wenn man ihn braucht, allerdings ist er nicht immer brauchbar.	Er ist ein zuverlässiger (gewissenhafter) Mitarbeiter.
Man kann ihm nichts vorwerfen, doch erwarten kann man auch nichts von ihm.	Er war immer mit Interesse bei der Sache.
Zu den Fleißigsten gehört er nicht.	Er zeigte für seine Arbeit Verständnis.
Dieser Mitarbeiter hat versagt.	X bemühte sich mit großem Fleiß, die ihm übertragenen Aufgaben zu unserer Zufriedenheit zu erfüllen.
Diesem Mitarbeiter wurde gekündigt.	Wir haben uns in gegenseitigem Einvernehmen getrennt.
Er trinkt häufig und viel.	Er war ein geselliger Typ.

Aussage im Arbeitszeugnis	Leistungsbeurteilung in Noten		**D 2**

Wir waren *stets* mit seinen/ihren Leistungen *außerordentlich* zufrieden.	sehr gut	1
Seine/Ihre Leistungen haben *in jeder Hinsicht* unsere *volle Anerkennung* gefunden.	sehr gut	1
Wir waren mit seinen/ihren Leistungen *in jeder Hinsicht außerordentlich* zufrieden.	sehr gut	1
Er/Sie hat die ihm/ihr übertragenen Arbeiten *stets* zu unserer *vollsten* Zufriedenheit erledigt.	sehr gut	1

Mit den Wörtern "stets" und "in jeder Hinsicht" wird ausgedrückt, daß die Leistungen während des gesamten Arbeitsverhältnisses erbracht wurden.
Höchstes Lob zollt der Ausdruck "vollste" in Verbindung mit "Anerkennung", "Zufriedenheit" u. ä.

Er/Sie hat die ihm/ihr übertragenen Arbeiten *stets* zu unserer *vollen* Zufriedenheit ausgeführt.	gut	2
Wir waren während des *gesamten* Arbeitsverhältnisses mit seinen/ihren Leistungen *voll und ganz* zufrieden.	gut	2

Er/Sie hat die ihm/ihr übertragenen Arbeiten zu unserer *vollen* Zufriedenheit erledigt.	befriedigend	3

Hier fehlt die Zeitangabe, d. h. unter Umständen, daß die Arbeitsleistung nicht während der gesamten Beschäftigungszeit "zur vollen Zufriedenheit" erbracht wurde.

Er/Sie hat die ihm/ihr übertragenen Arbeiten *zu unserer Zufriedenheit* ausgeführt.	ausreichend	4

Hier fehlen sowohl die Zeitangabe (wie "stets") als auch eine nähere Bestimmung zur Zufriedenheit (wie "voll").

Er/Sie hat die ihm/ihr übertragenen Arbeiten *im großen und ganzen zu unserer Zufriedenheit* erledigt.	mangelhaft	5
Mit seinen/ihren Leistungen waren wir zufrieden.	mangelhaft	5
Er/Sie hat *zufriedenstellend* gearbeitet.	mangelhaft	5

Hier fehlt wiederum die Zeitangabe und die nähere Bestimmung zur Zufriedenheit. Ebenso kann die Aussage "im großen und ganzen" nur als Einschränkung aufgefaßt werden.

D 2 Aussage im Arbeitszeugnis   Leistungsbewertung in Noten

Er/Sie hat sich *bemüht,* die ihm übertragenen Arbeiten *zu unserer Zufriedenheit* zu erledigen.	unzureichend	6
Er/Sie *zeigte* für seine/ihre Arbeit *Interesse (Verständnis).*	unzureichend	6
Er/Sie *hatte Gelegenheit,* alle innerhalb der Abteilung zu erledigenden Arbeiten *kennenzulernen.*	unzureichend	6
Er/Sie hat sich *bemüht,* die Leistung zu erbringen, die wir an diesem Arbeitsplatz fordern müssen.	unzureichend	6
Er/Sie hat *nach Kräften versucht,* den an ihn/sie gestellten Arbeitsanforderungen gerecht zu werden.	unzureichend	6

Hier fehlen erneut der Zeitfaktor und
meist die Angabe einer Zufriedenheit.
Die Aussagen wie:
"hatte Gelegenheit, ... kennenzulernen",
"hat sich bemüht, ... zu erbringen",
"hat versucht, ... gerecht zu werden",
zeigen lediglich, daß der Arbeitgeber
Chancen angeboten hat, die vom Arbeitnehmer jedoch nicht genutzt wurden, bzw.
daß dieser nichts geleistet hat.

Da eine Leistungsbeurteilung nur in einem qualifizierten Zeugnis unbedingt angegeben werden muß, ist anzuraten, in Fällen, in denen mangelhafte oder unzureichende
Leistungsbeurteilungen drohen, auf ein einfaches Zeugnis auszuweichen.

Die auf den Seiten 60-88 abgedruckten Texte sind auf dem Stand vom 1.10.1983.

Schlüssel zu den Übungen mit eindeutigen Lösungen

A1

Ü2

Enthalten sind: Berufs-/Arbeitsplatzbeschreibung, Leistungen des Arbeitgebers, Arbeitsort, Eintrittstermin, vorausgesetzte Qualifikationen, Geschlecht, Art der verlangten Bewerbungsunterlagen, Firmenadresse.

Zahl der enthaltenen Informationen: 8

A2

Ü2

Rudi: Kfz-Mechaniker und Künstler

Gertrud: Sekretärin, Reiseleiterin

Ü3

Rudi: Ingenieur - Fachhochschulreife, Hochschulreife und Studium/Abschluß.
Computerfachmann (z. B. Datenverarbeitungs-Organisator) - mindestens Mittlerer Bildungsabschluß, möglichst aber Fachhochschulreife oder Hochschulreife erwünscht.
Lehrer (z. B. Fachlehrer) - mindestens Mittlerer Bildungsabschluß, Fachschulabschluß und eine abgeschlossene Berufsausbildung, pädagogische Zusatzausbildung.

Gertrud: Dolmetscherin/Übersetzerin - Zugangsvoraussetzungen und Ausbildungsdauer sind an Fachakademien sowie Fach- und Privatschulen sehr unterschiedlich; Studium an einer Hochschule dauert 6-8 Semester, setzt die Hochschulreife voraus und endet mit dem diplomierten Abschluß.
Architektin - Fachhochschulreife/Hochschulreife und Studium.

B1

Ü1

Unterstrichen sein sollten:
Ich weiß, daß Sie einen Lehrling suchen. Deshalb rufe ich Sie an. Ich bin an einer Ausbildung zum Schornsteinfeger interessiert - ich möchte mich bei Ihnen bewerben. ... bisher war das wohl auch immer nur ein Beruf, den Jungen gewählt haben, aber ich habe mich sehr genau über den Ausbildungsgang zum Schornsteinfeger informiert. ... bin schwindelfrei ... körperlich fit. ... vielleicht kann ich dann Ihre Bedenken gegen ein Mädchen aus dem Weg räumen?

B2

Ü1

Formaler Aufbau:
Absender, Anschrift, Datum, Grußformel, Unterschrift, Anlagenvermerk.

Satzzeichen:
Ausrufezeichen nach der Anrede durch Komma ersetzen; Komma vor "und zwar" fehlt im ersten Satz; Ausrufezeichen nach Grußformel entfällt; Klammer um maschinengeschriebene Unterschrift entfällt; Doppelpunkt nach dem Wort "Anlagen" wird nicht geschrieben.

Rechtschreibung:
Telefon statt "Telephon"; 626 83 38 statt "626-83-38"; 2000 Hamburg oder D-2000 Hamburg statt "HH-2000 Hamburg"; Hamburg, 6. Juni 19.. statt "Hamburg, am 6. Juni"; Handelsschule statt "Handelschule"; inseriert statt "inserirt"; schwerfallen statt "schwer fallen"; korrespondieren statt "korespondieren"; Terminabgabe statt "Termienabgabe"; Arbeitszeugnisse statt "Arbeitszeugniße".

Formulierungen/Satzbau:
"... vor längerer Zeit hatten Sie ...": Genauen Zeitpunkt angeben.
"Ihre Anzeige hat mir ausgesprochen gut ...": Ich interessiere mich für die ausgeschriebene Stellung.
"Englisch habe ich damals ..." und "einen Spanischkurs werde ich demnächst ...": Genaue Zeitpunkte sind wichtig, und nur bereits vorhandene Kenntnisse sind anzuführen.
"wird es mir nicht schwerfallen, ... korrespondieren zu können.": ... schwerfallen, ... zu korrespondieren.
"- gleich welche Stelle ich bekleidet habe -": gestelzt klingender, überheblicher Ausdruck.
"... wegen meiner Pünktlichkeit und Arbeitsfreudigkeit (beliebt).": das abschließende Wort wegen Einschub vergessen.
"... durchschnittliche Kenntnisse, die selbstverständlich noch ausbaufähig sind": Durchschnittlich ist nicht gut genug, auch gute Kenntnisse sind noch ausbaufähig.
"... erbitte ich Ihre Terminabgabe": Wann darf ich mich bei Ihnen vorstellen?
"... in Ihren Augen wohlwollend Berücksichtigung findet": Kann ganz entfallen.
"Einen von Hand geschriebenen, ausführlichen Lebenslauf lege ich dieser Bewerbung anbei, damit Sie ausreichend Gelegenheit haben ...": Weitere Informationen wollen Sie bitte meinem handgeschriebenen, ausführlichen Lebenslauf entnehmen.
"Es grüßt Sie hochachtungsvoll": Mit freundlichem Gruß.
Anlagen (alles dann linksbündig darunter schreiben).

Falsche Einschätzung der Situation:
... und ich denke, daß ich die Stelle bei Ihnen wirklich zu Ihrer Zufriedenheit ausfüllen kann.
... einen Spanischkurs werde ich demnächst auf der Volkshochschule beginnen.
... Bei meiner Sprachbegabung wird es mir nicht schwerfallen, auch bald in der spanischen Sprache korrespondieren zu können.
... Beruflich hatte ich bisher ... immer sehr viel Erfolg und war ... beliebt.
... Ich habe durchschnittliche Kenntnisse in der Buchhaltung und Abrechnung, die selbstverständlich noch ausbaufähig sind.
... damit Sie ausreichend Gelegenheit haben, sich über meinen persönlichen und beruflichen Werdegang zu informieren.

Ü3

Einstieg:
fehlt in den Beispielen.
Begründung für die Bewerbung:
Beruflich möchte ich mich weiterbilden und ich hoffe, daß ich dazu in Ihrer Firma Gelegenheit habe.
Ich habe bisher als Buchhalterin gearbeitet. ... möchte ich mein Wissen gern erweitern. Ich bevorzuge eine selbständige Tätigkeit.

Persönliche Qualifikationen:
Ich habe bisher als Buchhalterin gearbeitet. Da ich
zwei Fremdsprachen (Englisch, Französisch) kann und
auch gute Steno- und Maschinenschreibkenntnisse habe, ...

Ich habe gute Kenntnisse in der Buchhaltung, Abrechnung,
Stenografie und in Maschineschreiben.
Meine Arbeit während dieser insgesamt viereinhalb Jahre
umfaßte neben Bestellungen die Kontrolle der Wareneingänge, Rechnungsbearbeitung, Führung eines Limitbuches,
monatliche Abrechnungen sowie die Erledigung der anfallenden Korrespondenz.

Gehaltswünsche:
Meine Gehaltsvorstellungen liegen bei 2.200 DM netto;
bisher habe ich 1.900 DM netto verdient.

Zeitpunkt der Arbeitsaufnahme:
Die neue Stelle könnte ich am 1. April dieses Jahres
antreten.

Ü4

Die Bewerbung von Peter Fuchs entspricht mehr den Ratschlägen auf S. 33.

B 3

Ü4

Für Frau Gläsker waren folgende Informationen wichtig:
Aufgaben-/Arbeitsgebiet/Stellenbeschreibung;
Sozialleistungen des Betriebes;
Zukunftschancen in der Firma;
Betriebliche Fortbildung;
Probezeit
Gehaltsfrage
Arbeitszeiten

C1

Ü1

Folgende Vereinbarungen wurden gehalten:
1, 3, 6, 7.

D1

Ü2

Lohnsteuerkarte, Versicherungsnachweisheft zur Sozialversicherung, Zeugnis.

D 2

S1

Es handelt sich um ein "qualifiziertes" Zeugnis, da es
Auskünfte über Führung und Leistung von Frau Pappel enthält.

Nachteilige Aussagen:
... die stets eifrig bemüht war, alle ihr aufgetragenen
Arbeiten mit großem Interesse zu erfüllen; ... Sie war
uns eine immer tolerante Mitarbeiterin und kam mit den
Kollegen gut aus. Ihre Pünktlichkeit ist zu loben.

Alphabetische Liste schwieriger Begriffe mit Erklärungen

A

Ablauforganisation: Begriff aus der Betriebswirtschaft; regelt die Tätigkeiten/Arbeiten, die in einem Betrieb ausgeführt werden müssen

absolvieren: etwas abschließen, beenden, hinter sich bringen; jemanden befreien, freisprechen; z. B. "einen Kurs absolvieren"

Adjektiv: Eigenschaftswort, z. B. frech, lebhaft, heiß

Affekt: starke, heftige Gemütsbewegung, z. B.: "Der Täter handelte im Affekt."

Akkord: hier: Lohn nach Leistung oder Stückzahl, z. B.: "Im Akkord verdient er mehr als bei Lohnzahlung nach Stunden."

Aktiv: Tatform, Gegenteil von Passivform des Verbs (Tätigkeitswortes)

akzeptabel: annehmbar, z. B.: "Dieser Vorschlag ist nicht akzeptabel."

akzeptieren: annehmen, z. B.: "Ich akzeptiere das Angebot."

allround: engl. für rundum, rund herum, überall, durchweg, in jeder Richtung, z. B. "ein Allround-Sportler"

Analyse: Einteilung eines Ganzen in seine Teile, genaue Untersuchung und Bestimmung eines Stoffes nach Art oder Menge seiner Bestandteile

Annonce: Anzeige, Ankündigung, auch Inserat

Antibabypille: Empfängnisverhütungsmittel, das aus Hormonen (vom Körper gebildeten Wirkstoffen) besteht

Artikel: hier: kleiner Aufsatz in einer Zeitung; auch Geschlechtswort, das Hauptwörter begleitet und deren grammatisches Geschlecht angibt; z. B.: "Ein Artikel in der Zeitung hat mich interessiert."

Assessor: Anwärter auf die höhere Beamtenlaufbahn im Staatsdienst

attraktiv: anziehend, von großer Anziehungskraft

Azubi: Kurzwort für "Auszubildender", früher "Lehrling" genannt

B

Bakteriologe: Wissenschaftler, der sich mit Bakterien (= einzellige, pflanzliche Lebewesen, Krankheitserreger) auseinandersetzt

Biologe: Wissenschaftler, der sich mit dem Leben und den Lebewesen auseinandersetzt

Bonus: zusätzliche Vergütung oder Gewinnanteil, auch Förderung durch den Staat, z. B. bei Exportgeschäften

Branche: Wirtschafts- oder Geschäftszweig, allgemeiner: Fach; z. B.: "Er ist nicht aus dieser Branche."

Branchenbericht: sachliche Erzählung, Wiedergabe von Tatsachen über ein Fach oder aus einem Fach/Wirtschaftszweig

brutto: Sozialabgaben und Steuern sind noch nicht abgezogen; Gegensatz von "netto"

C

Chance: günstige Gelegenheit, Glücksfall, z. B.: "Sie hat diese Chance leider verpaßt."

Checkliste: Liste, die beim Prüfen, Vergleichen von z. B. Inhaltsangaben, Arbeitsanweisungen hilft

Chiffre: Ziffern-/Buchstabenkombination; häufig verwendet in der Anzeigensprache

Chronische Erkrankung: langsam verlaufende Krankheit

chronologisch: nach dem zeitlichen Ablauf; etwas zeitgetreu berichten, ordnen oder niederlegen, z. B.: "Wir müssen die Unterlagen chronologisch ordnen."

clever: engl. für klug, gewitzt, schlau

Computer: Maschine zur elektronischen Datenverarbeitung (siehe auch unter EDV)

D

Datenverarbeitung: Sammeln, Speichern und Auswerten von Informationen, die zueinander in Beziehung/Verbindung gesetzt werden können

dekorativ: zu Schmuckzwecken angeordnet, wirkungsvoll

dekorieren: ausstatten, schmücken, auszeichnen, z. B. "ein Schaufenster dekorieren"/"mit dem Verdienstorden dekoriert werden"

Dezernat: Sachgebiet, Amts-/Aufgabenbereich

diagnostisch: auf der Diagnose (= Feststellung, Bestimmung einer Krankheit oder Einteilung von Tier- und Pflanzenarten) beruhend

Differenz: Streit, Unterschied, Meinungsverschiedenheit, z. B. "mit jemandem Differenzen haben"/"Die Rechenergebnisse weisen große Differenzen auf."

DIN: Abkürzung für "Deutsche Industrie-Norm"

Disco: Abkürzung für "Discothek"; Tanzlokal, bei dem die Musik von Schallplatten/Tonbändern kommt

Diskretion: taktvolles, unauffälliges Benehmen, verschwiegenes Behandeln von Mitteilungen und Angelegenheiten

Diskriminierung: unterschiedliches, herabsetzendes Behandeln von Menschen

Dissertation: wissenschaftliche Arbeit zur Erlangung des Doktortitels

E

EDV: Kurzwort für "Elektronische Datenverarbeitung", d. h. Datenverarbeitung, die ohne mechanisch bewegte Teile, sondern nur mit Elektronenröhren und Transistoren gesteuert wird

Effekt: Eindruck, Ergebnis, Wirkung, z. B. "mit besonderen Lichteffekten arbeiten"

Eigeninitiative: aus eigenem Entschluß, aus eigenem Unternehmungsgeist heraus handeln

English: englisches Wort und Schreibweise für "englisch", häufig in der Werbesprache/Verkaufssprache in dieser Schreibweise verwendet

etc.: Abkürzung für "et cetera" = und so weiter

examiniert: geprüft, z. B. "examinierte Krankenschwester gesucht"

Existenz: Leben, Vorhandensein, Wirklichkeit, Lebensgrundlage, z. B.: "ein Mensch ohne feste Existenz"/ "Wir können seine Existenz nicht leugnen."

exklusiv: unnahbar, abgeschlossen, abgesondert, z. B.: "Unser Angebot gilt nur für einen exklusiven Kundenkreis."

Expedition: Versandabteilung einer Firma, Versendung von Gegenständen; auch: Kriegszug, Forschungsreise

Export: Verkauf und Lieferung von Waren ins Ausland

Exportmanager: Leiter der Exportabteilung, zuständig für den Export

F

Fakt(um): Tatsache, Handlung, Geschehnis

Fauteuil: Armsessel

finanziell: das Vermögen betreffend, geldlich gesehen, z. B.: "Finanziell können wir uns dieses Jahr keine Reise leisten."

fit: engl. für gut in Form, gesund, leistungsfähig, z. B.: "Sein Onkel ist geistig und körperlich auch mit über 80 Jahren noch richtig fit."

formal: die Form (äußere Gestalt, Erscheinung) betreffend, auf ihr beruhend, z. B. "formales Einteilen eines Briefes in Absender, Anschrift und Text"

formulieren: in eine sprachliche Form bringen, mit Worten ausdrücken

Formulierung: der sprachliche Ausdruck, die sprachliche Gestaltung von Schriftstücken und Äußerungen

fundiert: begründet, abgesichert, fest sitzend, z. B.: "Unsere Aussagen sind fundiert."

G

Galvanik: Bezeichnung für eine Technik, mit der Metallüberzüge auf elektrolytischem Wege hergestellt werden, auch Herstellung von metallischen Abbildern von Gegenständen; Name stammt von dem italienischen Naturforscher Galvani

Geometrie: Teil der Mathematik (= Lehre von Formen und Zahlen), der die Größen und Gesetzmäßigkeiten zwischen Flächen, Körpern und Linien behandelt

Germ.(anistik): Wissenschaft von den germanischen (= zu den Germanen gehörend; Völkergruppe an der Ost- und Nordseeküste und aus Skandinavien seit ungefähr 750 vor Christus) Sprachen und Literaturen

Go-Kart: kleines Rennauto mit Motor bis zu 200 cm^3 Hubraum, ohne Federung und Karosserie (= Wagenaufbau)

graduiert: hier: jemand, der einen akademischen (= eingestuft nach einer besonderen Prüfung bei Hochschullehrern) Titel erhalten hat

Graphiker: Künstler, der z. B. Radierungen, Lithographien und Handzeichnungen schafft; Layout-Zeichner

Gymnasium: Höhere Schule mit Abiturabschluß

H

hierarchisch: auf einer Rangordnung, Stufenfolge beruhend, zu ihr gehörend

Hobby: engl. für Steckenpferd, Liebhaberei

homosexuell: zum gleichen (ob männlichen oder weiblichen) Geschlecht hinneigend

I

ideal: traumhaft schön, wunderbar; existiert nur in der Vorstellung, lediglich gedacht

Image: Bild, Vorstellung; Darstellung einer Person in den Augen der anderen, der Öffentlichkeit

Impulse: Anregungen, Anstöße, die plötzlich kommen

individualistisch: Theorie und Verhalten, die dem Einzelnen in einer Gemeinschaft den Vorrang geben

Industrie: Herstellung von Waren, Gütern in großen Mengen unter Mithilfe von Maschinen und Arbeitsteilung in Betrieben; Gesamtheit von Fabrikbetrieben

Informationsmittel: Wege und Mittel, um Nachrichten und Auskünfte zu erhalten, zu sammeln und weiterzugeben

informativ: aufklärend, Auskunft gebend, z. B.: "Der letzte Satz seiner Rede war für uns alle wenig informativ."

Inserat: Anzeige in einer Zeitung

inserieren: durch ein Inserat bekanntmachen, ein Inserat aufgeben

interessant: anregend, spannend, ungewöhnlich, Aufmerksamkeit weckend

intern: nicht für Außenstehende bestimmt, das Innere betreffend, vertraulich, z. B.: "Das ist eine völlig interne Angelegenheit."

J

Job: engl. für Arbeit; häufig als Ausdruck für eine meist kurzfristige Gelegenheit zum Geldverdienen gebraucht

Job-Sharing: engl. für "Teilen der Arbeit", d. h. zur Zeit stark diskutierte Möglichkeit, durch Teilung eines Arbeitsplatzes für zwei Arbeitnehmer eine Beschäftigungsmöglichkeit zu schaffen

Justitiar: Rechtsbeistand bei z. B. einer Behörde, einer Firma

Justiz: Rechtswesen, -pflege

K

Kalkulation: das Berechnen/Ermitteln von Kosten

Kalkulator: Rechnungsbeamter

Kantine: Küche und Speisesaal in Betrieben/Kasernen

Kapp-Putsch: Gescheiterter Aufstand extrem rechtsgerichteter Gruppen unter Führung des Politikers W. Kapp im März 1920, der sich gegen die demokratisch gewählte Regierung der Weimarer Republik richtete

Klischee: Druckplatte für Hochdruck, Druckstock; auch: Vereinfachung, häufige Phrase, z. B. "in Klischees reden"

Kolleg: Vorlesung und auch Gebäude, in dem sie gehalten wird

Kollege: Mitarbeiter, Amts-/Berufsgenosse

Kommunist: Anhänger/Mitglied einer kommunistischen Partei

kompakt: fest gefügt, stämmig, dicht, massiv

konkret: sachlich, anschaulich, sinnlich wahrnehmbar, gegenständlich

konsequent: folgerichtig, grundsatztreu

Kontakter: jemand, der Öffentlichkeitsarbeit leistet; Mitarbeiter einer Werbefirma/-abteilung

Kontaktform: Art und Weise, in der eine Beziehung/Verbindung/Berührung aufgenommen wird

Kontaktfreudigkeit: Stimmung, in der man leicht Verbindung/Berührung zu anderen aufnimmt, sich gern anderen anschließt

Kontrolle: Prüfung, Überwachung

kontrollieren: prüfen, überwachen

Konzentrationsfähigkeit: angespannte Aufmerksamkeit, um seine Gedanken auf einen Punkt/eine Sache zu lenken

Konzeption: Entwurf eines Plans/Vorgehens; Einfall; auch Auffassung

kooperativ: zusammenarbeitend, zur Zusammenwirkung beitragend

Korps: größerer Truppenverband in der Armee; Verbindung von Personen gleichen Standes/Berufes

korrekt: fehlerfrei, richtig, z. B.: "Ihr Verhalten war korrekt."

Korrespondenz: Briefverkehr/-wechsel, auch: Übereinstimmung

Kosmetik: Schönheitspflege; auch: ärztliche Beseitigung von Mißbildungen, Narben u. ä.

kreativ: einfallsreich, schöpferisch tätig

Kriterienkatalog: Liste/Verzeichnis von Merkmalen/Kennzeichen zur Prüfung und Beurteilung, z. B. von Büchern, Theaterstücken

kritisch: gewissenhaft, genau beurteilend; auch: gefährlich, entscheidend, z. B. "kritisch nachrechnen", "einen kritischen Punkt erreichen"

kritisieren: beurteilen, bewerten; auch: tadeln und ermahnen

kulturell: auf der Kultur (= alle künstlerischen und geistigen Ausdrucksformen von Menschen; Anbau von Pflanzen, Züchten von Tieren) beruhend

L

Labor: Kurzwort für Laboratorium = Arbeits-/Forschungsraum für technische, chemische u. ä. Arbeiten

Loyalität: treues Verhalten dem Staat/dem Vorgesetzten gegenüber, Redlichkeit, anständiges Wesen

M

Magister: unterster akademischer Titel

Management: Leitung/Führung eines Unternehmens

Manager: Leiter/Verwalter eines Unternehmens oder einer Abteilung

massiv: schwer, dicht, geschlossen, grob, fest, ohne Hohlräume, z. B. "aus massivem Gold", "massive Vorwürfe erheben"

Mathematik: Lehre von Zahlen und Formen

med.(izinisch): auf der Medizin (= Wissenschaft von der Gesunderhaltung der Lebewesen, den Krankheiten und ihren Heilungen) beruhend

Methode: geplantes, folgerichtiges Handeln/Vorgehen

Militär: Soldaten-/Heerwesen

modern: neuzeitlich, dem Zeitgeschmack entsprechend

MTA: Kurzwort für medizinisch-technische Assistentin

N

netto: hier: nach Abzug von Sozialabgaben und Steuern, Gegensatz zu "brutto"

neutral: sachlich, unbeteiligt, unparteiisch

normal: üblich, regelrecht, gewöhnlich

O

objektiv: vorurteilsfrei, sachlich, gegenständlich

Organisation: planmäßige Gliederung, Gestaltung, Aufbau

Organisator: einer, der etwas planmäßig aufbaut, gestaltet, ordnet

organisatorisch: die Organisation, den planmäßigen Aufbau betreffend

Original: Urtext/-bild, erste Fassung; auch: etwas sonderlicher Mensch

Orthographie: Rechtschreibung

P

parallel: in gleicher Richtung und gleichem Abstand verlaufend

parat: bereit, zum Gebrauch fertig, gerüstet sein

Passiv: Leideform, Gegenteil von Aktivform des Verbs (= Zeitwortes)

pers.(önlich): zu einem bestimmten Menschen gehörend; einen Menschen betreffend, von ihm ausgehend

Personal: alle beschäftigten, angestellten Menschen eines Betriebes

Phil.(ologe): Student/Wissenschaftler der Sprach-/Literaturwissenschaft

Physik: Lehre von dem Aufbau, den Kraftfeldern und den Bewegungen der leblosen Dinge in der Natur

positiv: zustimmend, bejahend, tatsächlich vorhanden, gewiß

prädestiniert: für etwas gut geeignet/vorausbestimmt sein

Präsident: Leiter/Vorsitzender einer Behörde, eines Staates

Praktikum: eine zeitlich zusammenhängende Ausbildung/ Kurs und Übung zur praktischen Anwendung von gelernten Fähigkeiten/Fertigkeiten

praktisch: zweckmäßig, auf die Anwendung von Gelerntem bezogen

Praxis: Anwendung/Ausübung, Berufserfahrung/-ausübung

privat: nicht öffentlich, vertraulich, persönlich, außerhalb des Amtes/Dienstes

pro: je, für; z. B. "5 Mark pro Person Eintritt"

Problem: schwere, ungelöste Aufgabe/Frage, z. B. "alle Probleme gelöst haben"

Produkt: Ergebnis von Arbeit, Erzeugnis

Produktion: Herstellung/Erzeugung von Waren/Gütern

Programmierer: jemand, der einen Rechenapparat/Computer speist, diesen mit Informationen füttert

Programmierung: für einen Rechenapparat/Computer die Vorgaben zur Lösung von Aufgaben erstellen

Psychologie: Wissenschaft von der Seele, vom Seelenleben

Q

Qualifikation: Befähigung und Befähigungsnachweis, Ausbildung, Eignung, z. B.: "Er muß noch die Qualifikation für die Stelle als Ausbildungsleiter nachweisen."

qualifiziert: geeignet sein, fähig; sehr brauchbare, gute Arbeiten/Dienste erbracht haben

Qualität: Brauchbarkeit, Güte, Bewertungsstufe

R

Rathenau: Politiker, Vorname: Walther, lebte von 1867 - 1922, 1921 Reichsminister für den Wiederaufbau, 1922 Reichsaußenminister, wurde von Nationalisten erschossen

Reaktionsvermögen: die Fähigkeit, auf eine Handlung/ein Wort sofort angemessen zu antworten

realistisch: wirklichkeitsnah, sachlich, naturgetreu

Referent: Berichterstatter; jemand, der einen Vortrag hält

Referenz: jemand, auf den man sich berufen kann; Empfehlung, Bezugnahme

regional: zu einem Bezirk, Gebiet zugehörig; z. B.: "Regional gibt es große Sprachprobleme."

Rehabilitation: Wiedereinsetzung in die früheren Rechte/in den früheren Stand, Wiederherstellung der Leistungsfähigkeit und der Gesundheit

Rendite: Gewinn/Ertrag im Verhältnis von eingesetztem Kapital und Zeit

Republik: Gemeinwesen, Staatsform, bei der die Regierung auf eine bestimmte Zeit gewählt wird

Rhetorik: Lehre von der Redekunst

Risikofreude: Spaß am Wagnis/an der Gefahr

S

Sekretärin: qualifizierte kaufmännische Angestellte für die Korrespondenz; Sekretär(in) auch: Dienstbezeichnung bei Beamten oder leitende(r) Funktionär(in) einer Partei/einer Organisation

Sekretariat: Dienststelle einer Sekretärin, Geschäftsstelle

Seminar: Ausbildungsstätte bzw. Arbeitsgemeinschaft zur intensiven Aus- und Weiterbildung

Serologie: Lehre von den Eigenschaften und Verhaltensweisen des Blutserums (= nicht gerinnender Teil von Körperflüssigkeit, der frei von Blutkörperchen ist)

Single: engl. für "einzeln"/"allein", umgangssprachlich gebraucht für Menschen, die allein ohne Partner leben

Situation: Lage/Zustand, in dem jemand sich gerade befindet

Software: Programme für eine EDV-Anlage (engl. "soft" = weich)

sozial: eine Gesellschaft/Gemeinschaft betreffend, ihr nützlich und dienend

Spedition: Versandabteilung einer Firma

speziell: besonders, einzeln, eigens

Staatskommissar: Beamter mit besonderen Aufgaben

Statistik: Zusammenfassung von Ergebnissen aus Massenumfragen/-untersuchungen

Stenografie: Kurzschrift

Stenokontoristin: kaufmännische Angestellte, die Kurzschrift, Maschineschreiben und sonstige anfallende Arbeiten in einem Büro erledigen kann; kein Ausbildungsberuf

Strategie: Plan zur Verwirklichung/Durchführung eines gesteckten Zieles

Streß: lang andauernde, schädigende Einflüsse und Belastungen, die auf den Körper und die Nerven einwirken

subjektiv: unsachlich, sehr persönlich

Sympathie: gefühlsmäßige Zustimmung, Zuneigung, Seelenverwandtschaft

Systemplanung: geplantes Vorgehen, um Teile, die eine Gesamtheit ergeben sollen, zusammenwirken zu lassen

T

tabellarisch: in Form einer Übersicht von Zahlen und Begriffen

taktisch: auf einem geschickten, planmäßigen Vorgehen beruhend

Talent: angeborene Begabung, schöpferische Fähigkeit

Tarif: gesetzlich/vertraglich festgelegte Löhne, Preise, Steuern u. ä.

tariflich: dem Tarif entsprechend

Team: engl. für Mannschaft/Arbeitsgruppe

technical: engl. für technisch/ein technisches Gebiet betreffend

Test: Prüfung, Eignungsprobe

Text: Worte/Wortlaut, z. B. eines Briefes, Vertrages, sonstigen Schriftstückes

theoretisch: nur auf dem Denken beruhend, rein gedanklich

tolerant: großherzig, geduldig, nachsichtig

U

überregional: über ein bestimmtes Gebiet, einen bestimmten Bezirk hinausgehend

V

versiert: erfahren, in einer Sache bewandert, z. B. "im Umgang mit Motoren versiert sein"

Visitenkarte: gedruckte Karte mit Namen/Adresse, die man bei einem offiziellen Anlaß abgibt

Vollmacht: Ermächtigung/Erlaubnis, mit der man ausgestattet wird, um für einen anderen/eine Firma z. B. Geschäfte/Verträge abzuschließen, Briefe zu unterzeichnen u. ä., z. B.: ""Herrn M. wurde gestern die Handlungsvollmacht entzogen."

W

Werkstoff: ein fester Rohstoff, aus dem etwas hergestellt wird

Z

Zusatzbonus: ein nachträglicher, erweiterter, zusätzlicher Gewinnanteil

Quellennachweis

C. H. Beck'sche Verlagsbuchhandlung (S. 73-76) aus: Günter Schaub, Arbeitsrechtliche Formularsammlung und Arbeitsgerichtsverfahren, 3. Auflage 1982, München, S. 13-16 und 45-46. (S. 82-83) in Anlehnung an Schaub, a.a.O., S. 246-247. Fußnoten sind nur abgedruckt, sofern sie sich auf übernommene Texte beziehen. (S. 71-72, 80-81 und 83) aus: Beck-Texte im dtv, Nr. 5006, Arbeitsgesetze, 29. Auflage 1983, S. 38, 40, 41, 43, 76, 77, 99, 100, 101, 108, 434.

C. Bertelsmann Verlag GmbH, München (S. 69) aus: Susanne v. Paczensky, Der Testknacker - Wie man Karriere-Tests erfolgreich besteht. 1974, S. 41 und 89-90.

Bundesanstalt für Arbeit (S. 14) aus: Beiheft zu "mach's richtig" für Hauptschüler, Ausgabe 1977, Hrsg.: Bundesanstalt für Arbeit, Nürnberg, Rückseite des Titelblatts. (S. 36-37) aus: Beiheft zu "mach's richtig" für Realschüler, Ausgabe 1983. (S. 60) aus: "Beruf aktuell" für Schulabgänger 1984, Ausgabe B 1983, S. 30, (S. 61-63) S. 316-321. (S. 66-67) aus: "Ihre Rechte - Ihre Pflichten", Merkblätter des Arbeitsamtes.

Bundesminister für Bildung und Wissenschaft (S. 60) aus: "Frauen und Bildung" Herbst 1983. (S. 77-79) aus: "Ausbildung und Beruf - Rechte und Pflichten während der Berufsausbildung", 16. überarbeitete Auflage, Dezember 1982, Seite 115-127.

Globus Kartendienst GmbH (S. 14).

Verlagsgruppe Handelsblatt (S. 86) aus: Prof. Dr. Karlheinz Schmid, Lüneburg: Leistungsbeurteilungen in Arbeitszeugnissen und ihre rechtliche Problematik, in: "Der Betrieb" 21/1982, S. 111-114.

R. König Verlag, München (S. 41), Bewerbungsbogen.

Wirtschaftsverlag Langen-Müller/Herbig, München (S. 70) aus: A. Schlitz / H. Winter, Karriere im Sekretariat, 4. Auflage 1980, S. 267.

Rowohlt Verlag GmbH, Reinbek bei Hamburg (S. 40) aus: Kurt Tucholsky, Gesammelte Werke 1960, "Drei Biographien - Peter Panter", Band 2, S. 455.

Wir danken allen, die uns durch Genehmigung zum Abdruck freundlich unterstützt haben.

BAUSTEINE DEUTSCH

Ein Programm zur Erweiterung der Ausdrucksfähigkeit im Deutschen

von Gernot Häublein, Gudrun Häusler und Theo Scherling

- Die Zielgruppe des Programms sind Erwachsene und Jugendliche, die ihre Ausdrucksfähigkeit weiterentwickeln wollen. Es eignet sich daher besonders für Kurse an Volkshochschulen und anderen Einrichtungen der Erwachsenenbildung sowie für den Zweiten Bildungsweg (Abendschulen) und berufliche Schulen.

- Jeder Baustein des Programms entspricht einem bestimmten Bereich sprachlicher Kenntnisse, Fertigkeiten und Fähigkeiten und zugleich einem Lernbedürfnis, das durch Teilnehmerumfragen in zahlreichen Deutschkursen der Autoren ermittelt wurde.

- **Baustein 1 „Grammatik · Zeichensetzung: Schwerpunkte"** behandelt sehr häufig auftretende Probleme der Grammatik und Zeichensetzung und eignet sich sowohl als Unterrichtsmaterial für einen Kurs wie auch als „Eingreifmaterial" für die Auffrischung und Wiederholung einzelner Sachbereiche. Jedes der 19 Teilthemen kann unabhängig von den anderen bearbeitet werden.

  Lehr- und Arbeitsbuch 103 Seiten, 21 x 28 cm, kartoniert-laminiert, Best.-Nr. 49 821

  Lehrerhandreichungen Best.-Nr. 49 822

- **Baustein 2 „Telefonieren · Schriftliche Mitteilungen".** Telefonieren und schriftliche Mitteilungen sind zentrale Kommunikationsformen im Beruf und im privaten und öffentlichen Leben in all den Fällen, wo ein persönliches Gespräch nicht möglich oder ungeeignet ist.
  Dieser Baustein vermittelt sprachliche Sicherheit und Flexibilität beim Telefonieren und Schreiben sowie besonders die Fähigkeit, sich auf die Situation und den Partner einzustellen.

  Lehr- und Arbeitsbuch 79 Seiten, 21 x 28 cm, kartoniert-laminiert, Best.-Nr. 49 823

  Cassette mit Hör- und Sprechübungen Best.-Nr. 84 422

  Lehrerhandreichungen Best.-Nr. 49 824

- **Baustein 3 „Stellensuche · Bewerbung · Kündigung".** Die Thematik betrifft wichtige Vorgänge im Leben jedes Arbeitnehmers. Anrufe, Briefe, Gespräche, Verträge, Anzeigen, Gesetzes- und Vertragstexte stehen im Mittelpunkt dieses Bausteins.

  Lehr- und Arbeitsbuch 95 Seiten, 21 x 28 cm, kartoniert-laminiert, Best.-Nr. 49 825

  Cassette mit Hör- und Sprechübungen Best.-Nr. 84 423

  Lehrerhandreichungen Best.-Nr. 49 826

- **Baustein 4 „Gespräch · Besprechung · Diskussion".** Diese drei Kommunikationsformen dienen der Entscheidungsfindung im Beruf, im privaten und öffentlichen Leben. Gesprächsvorbereitung, Einstellung auf den Partner, Argumentieren und Gesprächsregeln sind die wichtigsten Lernziele dieses Bausteins.

  Lehr- und Arbeitsbuch 79 Seiten, 21 x 28 cm, kartoniert-laminiert, Best.-Nr. 49 827

  Cassette mit Hör- und Sprechübungen Best.-Nr. 84 424

  Lehrerhandreichungen Best.-Nr. 49 828